Le guide de la profession libérale

L'accompagnement du libéral 2.0, de l'installation à la retraite!

Charlotte Rouméjon

A propos de l'auteure

Charlotte Rouméjon est depuis 12 ans, ostéopathe D.O en cabinet libéral. Elle travaille actuellement au sein d'une structure pluridisciplinaire de santé qu'elle gère avec 3 autres associés.

Entrepreneuse, sur le plan personnel et professionnel, elle prodigue dans ce livre des conseils pour tous les libéraux (domaine de la santé, du juridique et du technique) et en toute indépendance. Ces derniers découlent de son expérience, de ses interrogations, de ses erreurs et de ses réussites.

L'intérêt de ce livre est de vulgariser l'environnement et les démarches souvent effrayantes du libéral.

C'est le premier ouvrage en France écrit par une libérale pour tous les libéraux (santé, juridique et technique).

Le but est donc d'accompagner ces professionnels, d'évoquer toutes les problématiques du quotidien, d'apaiser les craintes et de comprendre ce statut dans son intégralité.

Copyright © Rouméjon Charlotte

« Le Code de la propriété intellectuelle interdit les copies ou reproductions destinées à une utilisation collective. Toute représentation ou reproduction intégrale ou partielle faite par quelque procédé que ce soit, sans le consentement de l'auteur ou de ses ayant cause, est illicite et constitue une contrefaçon, aux termes des articles L.335-2 et suivants du Code de la propriété intellectuelle.»

A tous les entrepreneur(e)s,

« Je ne perds jamais, soit je gagne, soit j'apprends.»,
Nelson Mandela.

> Ce guide a été publié en 2024, il est donc à jour au niveau fiscal, légal et juridique. Si le succès est au rendez-vous, sachez que nous publierons des éditions régulièrement pour l'actualiser.

Préambule

1er mars 2011, date d'entrée dans ma vie de libérale.

A l'époque et du haut de mes 23 ans, je pensais que le plus difficile était derrière moi avec l'obtention de mon diplôme d'ostéopathe.

Pour les libéraux déjà installés, j'imagine vos sourires, vous qui lisez ces premières lignes. Car vous avez dû vivre comme moi, une épreuve comparable à celle de Koh Lanta.

Pour les nouveaux arrivants, je ne voudrais pas vous effrayer d'entrée. La tâche est évidemment loin d'être impossible, néanmoins elle reste délicate.

Revenons à nos moutons, ce jour-là, je m'installe officiellement dans mon premier cabinet pour pratiquer le métier d'ostéopathe, après 5 années d'études acharnées. Ces dernières ont été denses et difficiles. Mais elles ne seront en aucun cas comparables avec ce qui va m'attendre, ce 1er mars 2011.

En effet, je vais découvrir les joies de la charge administrative française, souvent responsable d'un certain renoncement pour celles et ceux qui veulent entreprendre.

Cette accumulation de tâches administratives devient vite insurmontable lors de mon installation. Et les questionnements sur le choix de statut, de régime fiscal, de cases à cocher sont devenus à ce moment précis des raisons d'insomnies et de stress ambiant pour moi...

L'école m'avait parfaitement préparé pour le métier d'ostéopathe, pour faire face à tous types de patients et de pathologies. Finalement j'étais assez confiante et prête pour revêtir la blouse de professionnelle. Par contre, je n'étais absolument pas disposée à gérer cette charge que représentent les démarches administratives de l'activité libérale.

En 2011, cette démarche était encore à effectuer par courrier. Aujourd'hui, c'est plus simple grâce aux formulaires accessibles en ligne sur le site de l'INPI.

Ce jour-là, j'ai eu l'impression de revivre l'épreuve dans les 12 travaux d'Astérix, de l'obtention du "Laissez passer A38".

Fig 0.1. Les 12 travaux d'Astérix - Goscinny & Uderzo

Après avoir plongé dans le grand bain de l'immatriculation, sachez que le plus difficile est derrière vous. Encore faut-il que vous ayez fait les bons choix au moment de votre déclaration?

Préambule

Bon, à cet instant, vous devez un peu trembler derrière ce livre, ce n'était vraiment pas mon but. Mais comprenez que toute erreur quelle qu'elle soit est majoritairement solutionnable.

Une fois installé, c'est le temps de l'exploitation où l'on peut se concentrer sur son travail et sur ses objectifs professionnels. Malgré tout, vous êtes et vous serez toujours sollicité par des impératifs en tant qu'indépendant.

Il est donc important de comprendre qu'en tant que profession libérale, il faut savoir gérer deux aspects :

- La pratique de son métier
- La gestion de son statut

C'est pour cela qu'après plus de 12 années de service, j'ai voulu informer ces professionnels pour leur expliquer à travers mon vécu, la réalité de terrain d'un libéral.

Un fait supplémentaire m'a également poussé à écrire ce livre. Actuellement, les professions indépendantes et plus particulièrement les libéraux ont vraiment peu de temps à attribuer à ces tâches quotidiennes. Il fallait donc un ouvrage qui permette de condenser toutes les informations nécessaires pour guider chacun de ces professionnels.

Car aujourd'hui, on se retrouve avec ce genre de problématiques :

- Des libéraux qui prennent des contrats non adaptés à leur situation (conseillés par des commerciaux qui vous harcèlent au téléphone toutes les semaines).

Libérale 2.0

- Des libéraux qui ne prennent aucun contrat de protection (type prévoyance) et qui s'en mordent les doigts, le jour où ils en ont besoin.

- Des libéraux qui s'occupent de leur retraite, cinq ans avant leur âge légal de départ. Qui n'ont donc pas suffisamment cotisé et qui se retrouvent avec une rente ridicule. On comprend donc mieux, pourquoi certains libéraux travaillent encore après 70 ans.

- Des libéraux qui ne comprennent pas grand-chose au vocabulaire fiscal, comptable et juridique. Et qui n'ont ni le temps ni l'envie, d'assimiler vraiment ce genre de formalités.

- Des étudiants qui sortent de leur école avec un diplôme pour exercer leur métier mais qui n'ont pas été formé pour la création de leur activité et les démarches à effectuer en libéral.

Vous me direz, pourquoi ne pas se faire accompagner dans ces cas là, quand on y comprend pas grand chose?

La première raison est simple, elle est financière. Quand nous sortons de plusieurs années d'études, nous n'avons pas tous les moyens de payer un expert comptable ou un juriste pour les formalités de départ.

La seconde raison est qu'on ne se rend pas forcément compte de l'impact des choix du début d'activité. Et donc, nous pensons juste remplir un formulaire qui va nous permettre de travailler sans penser aux conséquences.

Préambule

Enfin, tout au long de votre vie de libéral, vous serez harcelés par des assureurs, des banquiers, des organismes de formation... que ce soit au téléphone, par mail ou pigeon voyageur. Ce genre d'énergumènes est, à mon sens, à l'origine de la méfiance ambiante. Les libéraux ont du mal par la suite à faire confiance à ce type de professions et donc à prendre des contrats via leur biais.

Ce constat est quelque peu effrayant, car la plupart des professions libérales sont des personnes qui ont fait des études, parfois de grandes études. Dans la majorité des cas, elles aiment leurs jobs, prennent assez peu de congés et ne comptent pas leurs heures de travail. Mais elles ne sont pas armées et accompagnées à leur insertion en tant qu'entrepreneur dans la vie active.

En effet, les écoles et les organismes de formation nous apprennent le nécessaire dans notre domaine de compétences mais ne nous préparent en aucun cas à cette vie d'indépendant.

Après avoir réalisé ce constat, vous pourriez être tenté de jeter l'éponge. Néanmoins, il existe également de nombreux avantages à vivre en libéral et pas des moindres:

- Travailler pour soi même
- Poser ses vacances à sa convenance
- Décider de ses propres horaires
- Avoir une malléabilité dans son emploi du temps
- L'absence de hiérarchie
- Avoir une rémunération supérieure au salariat
- Choisir ses futurs collaborateurs

Tant d'avantages qui me seraient aujourd'hui, impossible de troquer pour une vie de salariée.

Reprenons donc, ce 1er mars 2011.

A l'époque de mon installation, j'étais atteinte de phobie administrative. Je détestais faire ma déclaration d'impôts, m'occuper des factures, des relances, des rendez-vous avec les assurances ou les banques. Bref, ce n'était vraiment pas mon fort, un vrai calvaire.

Alors imaginez, le moment où j'ai dû déclarer mon activité.

Je me suis retrouvée comme seule sur un radeau, avec deux rames au milieu de l'océan...

Malgré quelques frayeurs au départ, j'ai réussi à m'en sortir sans vraiment l'aide de qui que ce soit. Mais avec le recul, je vous avoue que j'ai quand même eu beaucoup de chance d'avoir coché les bonnes cases. Car je n'étais vraiment pas sûre de moi à l'époque.

Au cours de ma vie professionnelle, je suis devenue beaucoup plus curieuse. J'ai notamment commencé à me renseigner sur les différents régimes. Puisque je me suis d'abord immatriculée en tant qu'auto-entrepreneure avant de passer 4 ans plus tard sous le régime de la déclaration contrôlée en BNC (si à ce stade vous ne comprenez pas ces termes, pas de panique j'explique tout un peu plus loin dans ce livre).

Puis, j'ai commencé à m'intéresser aux cotisations retraite obligatoires que je versais et qui ne faisait qu'augmenter chaque année.

Préambule

J'ai rapidement voulu savoir ce qui m'attendait à l'âge légal de départ à la retraite. Et si vous n'avez pas encore fait la simulation, je vous conseille de vous y rendre dès la fin de ce préambule (sur le site de votre caisse de retraite complémentaire obligatoire ou sur inforetraite.fr). Vous allez être surpris et pas forcément dans le bon sens. Désolé d'avance!

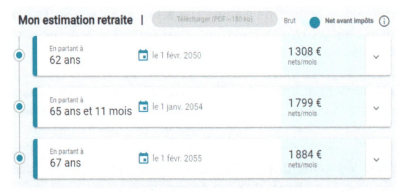

Fig 0.2: Estimation retraite sur Cipav.fr

Ensuite, il y a environ 7 ans, j'ai commencé à m'intéresser aux investissements que je pouvais mettre en place en dehors de mon activité. Car la retraite des indépendants, vous l'aurez compris, est souvent insuffisante. En règle générale, un libéral à la retraite touchera environ 40 à 50% de son salaire moyen, contre 70% pour un salarié.

J'ai donc commencé par l'immobilier locatif en suivant des formations, en achetant des bouquins et en lisant des blogs. Cela m'a permis de franchir le cap et de devenir propriétaire de mes premiers appartements, dans de bonnes conditions. En effet, je ne paye pas d'impôts supplémentaires sur ces investissements pour le moment et pour un bon bout de temps. Nous verrons par la suite, comment est-ce possible.

Puis, j'ai commencé à m'interroger sur le placement de mon épargne avec la chute des taux des livrets bancaires, type livret A et LDD. Cela ne devenait plus intéressant de garder son argent sur ces comptes d'épargne.

Par exemple, en 2022 le livret A affichait un taux de 1%. Et l'inflation, elle, était calculée à 5,2% (INSEE). Donc pour schématiser, si vous placez votre épargne sur ce genre de livret, vous perdez de l'argent tous les jours sur sa valeur réelle. Aujourd'hui en 2023, ces livrets ont des taux qui sont remontés autour de 3%, mais est-ce suffisant?

Actuellement, il existe d'autres moyens d'épargner en faisant vraiment fructifier son argent et en utilisant la gestion passive.

Enfin, je vous parlerai aussi des placements intéressants et de toutes les offres disponibles pour investir en respectant vos valeurs et votre degré de prise de risques.

J'ai donc, comme vous pouvez le constater, réuni quelques connaissances en 12 années de pratique. Et tous ces acquis, je vois bien qu'ils interrogent et qu'ils intéressent aussi. Il suffit que je commence à parler immobilier ou épargne avec un collègue ou un ami pour que je retienne son attention assez rapidement. Et la conclusion est généralement la même: "En fait, y'a rien de bien compliqué". Encore faut-il mettre le nez dedans.

C'est pour cela que j'ai décidé de tout condenser dans ce livre afin d'établir un guide essentiel à la vie libérale de A à Z.

Cela me permettra aussi de vous décrire, mes expériences, mes erreurs et mes réussites.

Préambule

Car l'objectif ici n'est pas juste d'établir un référentiel pour vous aider à vous installer, cela reste une partie infime de votre vie professionnelle, même si elle est primordiale.

L'objectif principal est de vous accompagner pas à pas tout au long de votre vie de libéral, afin que vous preniez conscience de toutes les opportunités qui s'offrent à vous et qui sont trop peu souvent exploitées par manque de connaissance et de temps.

Pour finir, sachez que j'ai déjà confiance en vous dans votre envie de changement. Car maintenant que vous avez ce livre entre vos mains, vous avez déjà passé une étape importante. Celle de s'informer et d'agir afin de ne plus subir cette situation.

Alors vous, qui avez pris l'initiative d'acheter ce guide, je voudrais dès à présent vous remercier pour la confiance et le temps que vous allez accorder à sa lecture. Et n'hésitez pas à le recommander et à le noter sur votre plateforme d'achat, c'est aussi grâce à vous que le message pourra rayonner.

Bonne lecture

Charlotte

NB: J'aimerais également préciser que je ne suis financé par aucun partenariat, avec quelconque entreprise ou lobby. Ne soyez donc pas surpris que je recommande certaines sociétés. Je me répète, je n'ai aucun lien avec elles. Elles ont juste la force d'exister et d'être à mon sens vraiment utiles.

Libérale 2.0

Sommaire

Préambule..7

Sommaire...17

Professions libérales, qui sont-ils?......................19

Libéral(e), en êtes vous capable?.......................33

S'implanter durablement!....................................61

Exercer en Entreprise Individuelle......................83

Exercer en commun..123

Le calendrier d'une installation réussie............143

Tenir sa comptabilité...155

Comprendre les cotisations obligatoires..........181

Libéraux, protégez vous!..................................221

Comprendre l'imposition en France.................255

L'immobilier pour le libéral 275

Philosophie de la profession libérale...............299

Conclusion..311

Remerciements...315

Sources...317

Professions libérales, qui sont-ils?

En 2024, qui représente la profession libérale en France?

Selon l'union nationale des professions libérales (UNAPL), les professions libérales regroupent les personnes exerçant à titre habituel de manière indépendante et sous leur responsabilité une activité civile ayant pour objet d'assurer des prestations intellectuelles, techniques ou de soins.

Et voici quelques statistiques sur notre représentation en France:

- 1 700 000 entreprises libérales sont répertoriées, soit près d'une entreprise sur trois en France

- Il existe autant d'hommes que de femmes installés en tant que libéral (50,3% d'hommes et 49,7% de femmes)

- Dans 98,5% des cas, les entreprises libérales sont des TPE (Très Petites Entreprises de moins de 10 salariés)

- Chaque jour, 5 millions de français sont soignés, conseillés ou défendus par différentes professions libérales

- Enfin en 2022, le chiffre d'affaires des professions libérales représentait environ 213 milliards d'euros

Libérale 2.0

Il existe une répartition des professions libérales en 3 grandes familles :

- Technique et cadre de vie
- Santé
- Juridique

Ces 3 grands groupes recouvrent un nombre de professionnels importants, je ne pourrais pas tous les citer car la liste est bien trop longue. Mais vous pouvez vous référer au livre des métiers présent sur le site de l'UNAPL (Union NAtionale des Professions Libérales) qui est très complet.

(*LES MÉTIERS DES PROFESSIONS LIBÉRALES*-UNAPL.fr)

Ce dernier vous permet de visualiser la majorité des professions existantes en libéral. Et pour chaque métier, vous pouvez vous renseigner sur :

- La fonction de cette profession
- La formation à effectuer
- Les démarches d'installation
- L'aspect juridique
- Et retrouver quelques statistiques sur la profession en question

Voici, enfin la répartition démographique des 3 familles de libéraux sur le territoire français :

Professions libérales, qui sont-ils?

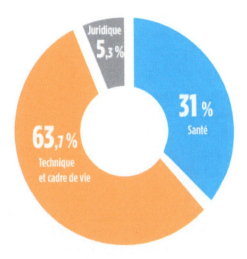

Fig 1.1 Dénombrement des libéraux - Source : INSEE UNAPL/U2P 2022

Une fois les présentations terminées, venons en aux faits. Il existe une différence entre certains métiers représentés en profession libérale.

En effet, à l'intérieur de ces 3 grandes familles on fait également la distinction entre:

- Les professions réglementées
- Les professions non réglementées

1-Les professions réglementées:

Certaines professions sont dites réglementées, car elles sont soumises soit :

- A un ordre professionnel
- Aux officiers publics ou ministériels titulaires d'un office conféré par l'État et nommés par décision d'un ministre
- Au code de la santé publique
- Autres (chambres, syndicats, ...)

Ces professions sont dites réglementées pour des raisons évidentes, connaissances acquises, domaine de compétence exclusif, enjeux de santé publique ou offices ministériels.

Les ordres professionnels qui encadrent ces professions assurent un contrôle permanent, tant à l'installation que sur le plan judiciaire au cours de la vie du libéral. Ils permettent également d'apporter une certaine aide à ce dernier, notamment à l'installation. Les ordres veillent aussi au respect des règles de déontologie de leur profession de tutelle.

Voici une liste non exhaustive des professions réglementées dans les 3 grands secteurs:

Technique et cadre de vie	Santé	Juridique
Architecte Expert-comptable Experts immobiliers Géomètre-expert....	Médecins Chirurgiens-dentistes Sage-femmes Pharmaciens Vétérinaires...	Avocats Notaires Commissaire-priseurs Huissiers de justice...

Professions libérales, qui sont-ils?

2-Les professions non réglementées:

Les professions non réglementées représentent 40% des professions libérales.

Pour l'administration fiscale, il s'agit des personnes qui pratiquent en toute indépendance, une science ou un art et dont l'activité intellectuelle joue le rôle principal.

Leurs recettes doivent représenter la rémunération d'un travail personnel, sans lien de subordination, tout en engageant leur responsabilité technique et morale.

Voici à nouveau une liste non exhaustive de professions libérales non réglementées:

- Archéologue
- Attaché de presse
- Audit et conseil
- Chimiste
- Coach sportif
- Consultant
- Correspondant local Presse
- Décorateur
- Détective
- Ecrivain
- Educateur sportif
- Enseignant
- Formateur
- Géologue
- Illustrateur
- Informaticien
- ingénieur du son
- Moniteur d'auto-école
- Moniteur de ski
- Naturopathe
- Oenologue
- Sportif professionnel

3-Auto-entrepreneur, la révolution :

Les professions libérales et plus particulièrement les non réglementées, ont subi une importante augmentation depuis 2009 grâce à la création du statut d'auto-entrepreneur (+140% d'entrepreneurs entre 2009 et 2017). En réalité, ce statut a révolutionné la création d'entreprise.

En 2014, on a requalifié le statut d'auto-entrepreneur en micro-entrepreneur. Donc pour éviter toute confusion, sachez que ces deux termes représentent le même statut.

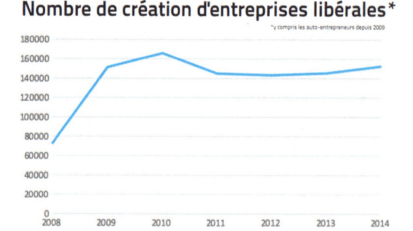

Fig 1.2: Démographie des entreprises et des établissements - Source: INSEE, traitement UNAPL 2016

Cette révolution a eu lieu grâce à 2 facteurs principaux:

- La simplicité pour l'immatriculation de l'activité
- La déclaration du chiffre d'affaires sur un unique site internet (Autoentrepreneur.urssaf.fr)

Professions libérales, qui sont-ils?

De plus, tant que le micro-entrepreneur n'effectue aucun chiffre d'affaires, il ne paye aucune charge à l'état. Ce qui n'est évidemment pas le cas dans un statut au régime réel.

Cette option a permis à de nombreuses personnes de se lancer, sans avoir peur d'être dépassées par les cotisations sociales obligatoires.

Ce statut autorise également à cumuler son activité salariée et libérale, permettant ainsi une transition vers le libéral exclusif ou non d'ailleurs (3 micro-entrepreneurs sur 10 sont encore salariés).

En 2016, la création des entreprises libérales s'est faite à plus de 54% avec le statut de micro-entrepreneur. C'est donc un statut qui intéresse aussi bien les professions réglementées que non réglementées.

C'est pourquoi, j'ai moi même choisi d'être auto-entrepreneure en 2011 lors de mon installation, car ce statut me paraissait plus simple et moins contraignant (ce que je confirme avec le recul).

4-Le revenu moyen des libéraux:

En 2017, le revenu d'activité moyen est de 5 410€ par mois pour les libéraux au régime réel contre 580€ pour les micro-entrepreneurs.

De plus, de fortes disparités de revenu existent entre les différentes professions libérales. Ainsi les indépendants exerçant une activité juridique retirent en moyenne 8 580€ mensuel de leur activité, contre 5 700€ pour ceux travaillant dans la santé et 3 610€ pour ceux exerçant dans le domaine technique.

	Revenu mensuel moyen		
	Ensemble	Hors micro-entrepreneurs	Micro-entrepreneurs
Domaine technique	2 070	3 610	590
Conception et maîtrise d'œuvre	2 290	3 520	650
Enseignement	880	1 580	510
Expertise et conseil	2 020	3 610	640
Comptabilité, assurance	6 460	6 820	540
Intermédiaires du commerce de gros	1 750	2 670	620
Domaine juridique	8 480	8 580	ns
Santé (y compris pharmacie)	5 170	5 700	500
Ensemble des professions libérales	4 140	5 410	580
Ensemble hors agriculture	2 580	3 580	470

Fig 1.3: Revenus moyens des libéraux - Source : Insee, bases non-salariées.

Soulignons également que 10% des micro-entrepreneurs basculent au régime réel après 5 années d'exercice. Ce qui explique également cette disparité de revenus entre micro-entrepreneurs et libéraux au régime classique. En effet, les micro-entrepreneurs représentent les personnes qui lancent leur activité et donc qui sont souvent peu rentables dans les premières années.

Mais cette catégorie englobe également les gens qui gardent leur emploi et qui pratiquent une autre activité en parallèle. Ces derniers n'ont donc pas le temps de se consacrer à 100% à leur micro-entreprise.

Pour conclure, il faut préciser qu'après 9 années d'activité (suite à leur création), 57% des professions libérales maintiennent durablement cette dernière.

5-Âge moyen du libéral à l'installation:

Ici, il est intéressant d'observer l'âge moyen de l'installation en profession libérale, qui est de 34 ans en 2022.

Cela varie en fonction des professions, mais dans la majorité des cas les néolibéraux (nouveaux professionnels) ont rarement moins de 30 ans.

	Âge moyen à l'immatriculation
Notaires	37,5
Officiers ministériels	35,4
Médecins	35,8
Chirurgiens-dentistes, Sages-femmes	29,0
Pharmaciens	35,9
Auxiliaires médicaux	31,8
Vétérinaires	32,4
Agents généraux d'assurance	39,4
Experts-comptables	41,9
Avocats	30,4
Autres professionnels libéraux PL	32,1
Autres professionnels libéraux microentrepreneurs	36,1
Toutes professions	**34,0**

Fig 1.4: Age d'installation des libéraux - Source: Unapl, 2022.

Libérale 2.0

On observe donc que les libéraux commencent tardivement leur activité professionnelle. Il existe à mon sens, deux explications principales:

- La durée des études des professions réglementées (médecins, avocats, notaires…)

- La deuxième raison est qu'il leur manque souvent une formation sur la création d'entreprise. Ce qui pour moi, est une aberration en 2023.

- Le début de l'activité professionnelle en tant que salarié où en tant que remplaçant/assistant. Rares sont les jeunes diplômés qui se jettent directement dans la création d'entreprise après l'obtention de leur diplôme. La plupart du temps, ils préfèrent être guidés par un confrère expérimenté, leur permettant d'affronter tous les rouages de la vie professionnelle.

- Et enfin, il est compréhensible qu'après de nombreuses années d'études, les nouveaux diplômés souhaitent gagner leur vie rapidement sans période de flottement.

On retrouve donc toujours cet aspect d'insécurité lorsqu'on parle d'entreprendre.

Je ne nie pas ce fait, j'ai vu des libéraux qui ont stoppé leur activité, car cela ne fonctionnait pas. J'en ai vu d'autres s'expandre à une vitesse incroyable.

6-Chômage des libéraux:

La loi pour la liberté de choisir son avenir professionnel du 5 septembre 2018 a prévu la mise en place d'une allocation forfaitaire des indépendants et donc des libéraux. Cette allocation est attribuée pendant une durée de 182 jours (6 mois) pour un montant de 26,30 euros/jour (800 euros par mois).

Les travailleurs indépendants peuvent bénéficier plusieurs fois de la mesure, à condition de remplir à chaque fois, les critères posés :

- Justifier d'une activité non salariée ininterrompue pendant deux ans minimum au titre d'une seule et même entreprise
- La cessation d'activité de cette dernière doit relever d'une liquidation judiciaire ou, dans certaines conditions, d'une procédure de redressement judiciaire
- Etre à la recherche d'un emploi
- Justifier de revenus antérieurs d'activité non salariée égaux ou supérieurs à 10 000 euros par an
- Justifier de ressources inférieures au montant mensuel du revenu de solidarité active (RSA) pour une personne seule, soit 559,74 euros depuis le 1er avril 2019
- Enfin, la fin d'activité prise en considération pour l'ouverture des droits à l'allocation devra se situer dans un délai de douze mois dont le terme sera la veille de l'inscription comme demandeur d'emploi ou, le cas échéant, le premier jour au cours duquel la demande d'allocation aura été déposée

Libérale 2.0

D'après le rapport de l'inspection générale des finances et de l'inspection générale des affaires sociales consacré à l'ouverture de l'indemnisation du chômage aux travailleurs indépendants, 29 000 indépendants devraient pouvoir bénéficier de cette allocation par an.

Cette nouvelle loi va nécessairement changer la donne, puisqu'auparavant les libéraux n'avaient pas le droit au chômage. C'est donc une bonne chose pour notre statut.

7-Constat en 2024:

Voici donc une représentation des libéraux en 2024.

Vous devez bien comprendre qu'il existe trois grands pôles représentant les libéraux : juridique, santé, technique et cadre de vie.

Dans ces 3 grandes familles, on retrouve de multiples professions classées en professions réglementées et non réglementées.

Enfin, à leur création d'activité les libéraux peuvent choisir entre deux statuts, celui du micro-entrepreneur ou celui du régime réel (cf Chapitre "Exercer en entreprise individuelle").

Pour ma part, je suis une libérale travaillant dans la famille de la santé en tant que profession réglementée. J'ai débuté mon activité en micro-entreprise, pour passer ensuite au régime réel.

Professions libérales, qui sont-ils?

Néanmoins, mon expérience d'entrepreneure en libéral ne sera pas différente de celle d'un expert-comptable ou d'un notaire. C'est pour cela que ce livre ne s'adresse pas qu'à ma famille (santé) mais à l'ensemble des libéraux du territoire français.

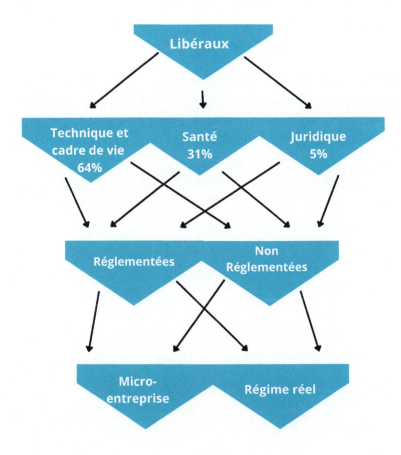

Fig 1.5: Schéma des choix du libéral à l'installation - Libérale 2.0

8-Pour conclure, restez confiants!

Si votre projet est fiable et que vous y mettez toute votre énergie, vous ferez bientôt partie des professions libérales de demain.

Mais pour cela, il va falloir faire preuve de volonté et savoir mettre votre projet en avant. C'est ce que nous verrons dans le chapitre suivant.

En définitive, si vous hésitez encore à vous lancer, je vous assure que la lecture de ce guide vous permettra de mettre toutes les chances de votre côté. Afin de ne rien regretter par la suite et de se demander toute une vie: Et si j'avais franchi le cap?

Libéral(e), en êtes vous capable?

Avant de sauter le pas en tant qu'indépendant, demandez vous si vous êtes fait pour une vie de libéral(e):

- Serez-vous compétent pour faire connaître votre activité, pour démarcher et réseauter?
- Ferez-vous les bons choix d'un point de vue juridique et fiscal?
- Aurez-vous le temps de gérer les demandes des clients, des patients?
- Serez-vous capable de tenir une comptabilité sans faille?
- Aurez-vous le temps de profiter de congés cet été?

Autant de questions auxquelles vous ne pouvez répondre avant de tenter l'aventure. Néanmoins, si ces dernières ne font pas partie de votre réflexion, il serait peut-être temps de s'y attarder. Vous ne croyez pas?

La profession libérale est un package plus ou moins rempli d'avantages et d'inconvénients.

D'ailleurs, une fois lancé vous aurez une oreille bien plus attentive aux critiques concernant les libéraux. Car oui, il y en aura, aussi commençons par ce point.

1-Les clichés sur le libéral:

Aujourd'hui en France, de nombreux clichés persistent sur les libéraux:

- Ce sont des professions qui aiment l'argent
- Ils sont pingres, n'aiment pas dépenser
- Ils s'habillent toujours de manière stricte
- Ils sont en vacances, quand on a besoin d'eux
- Ils sont souvent autoritaires et prétentieux

Ce constat me fait plus sourire qu'autre chose car les libéraux regroupent tellement de professions et donc de diversités, qu'il est pour moi impossible de les cataloguer dans telle ou telle case.

En effet un libéral peut être aussi bien un avocat, qu'un moniteur de ski en passant par un formateur ou une sage-femme. Autant dire que les profils diffèrent totalement.

Néanmoins, dans l'esprit collectif les libéraux sont souvent représentés par les professions dites "nobles" (notaires, médecins, experts-comptables, avocats...) qui gagnent donc généralement bien leur vie. Et qui pourraient s'attacher, soi-disant, plus facilement à ce genre de clichés.

Somme toute, il ne faut pas oublier que les libéraux à fort revenus sont des personnes qui ont fait de longues et grandes études. Il est d'ailleurs difficile d'entreprendre et de réussir ce genre de parcours, voilà pourquoi il est souvent critiqué et jalousé.

Libéral(e), en êtes vous capable ?

C'est malheureux car un chirurgien qui va étudier pendant 12 années pour décrocher son diplôme, ne sera pas ou très peu payé pendant sa formation. Et la trentaine passée, il aura un rôle majeur dans la société, pourra enfin vivre de son métier et entendra tous les jours qu'il est trop bien payé pour ce qu'il réalise au quotidien.

Je prends la responsabilité de donner mon avis sur le sujet. Mais parfois j'ai la sensation que l'on apprécie peu le succès en France et c'est dommage. Car ça ne pousse pas la société et les personnes qui la composent à se dépasser.

D'autant plus, que les professions libérales ont un véritable impact positif dans la société française. Pour rappel, 5 millions de français chaque jour viennent demander de l'aide à ces professionnels.

Précisons que maintenir un régime libéral demande une certaine rigueur, notamment dans les dépenses et la comptabilité. On peut donc faire face à des professionnels qui font attention à toutes leurs dépenses. Pouvant ainsi passer pour des gens proches de leur sous, on vit ici une contradiction incroyable.

D'un côté, la société jalouse la réussite et les hauts salaires et de l'autre, critique une gestion prudente. Voilà un beau paradoxe.

La tenue vestimentaire stricte est obligatoire seulement pour quelques professions qui ont un pouvoir de représentation et qui doivent donc faire attention à leur apparence.

Personnellement, quand j'ai commencé mon activité, je ne mettais que des chaussures de ville, des pantalons droits et une blouse médicale. Car on m'avait conditionné sur ce point à l'école, pour me rendre plus crédible surtout quand on commence jeune. Quelques années plus tard, je suis toujours accompagnée de ma blouse car elle me paraît indispensable à mon activité mais associée à présent d'un jean et de baskets. Aujourd'hui, je ne me sens plus juger sur mon apparence, mais uniquement sur ma compétence professionnelle. Ce qui m'a permis de prendre quelques libertés, assez confortables.

Les libéraux passent leur temps en vacances. Sachez qu'en moyenne, un médecin en France prend 5 semaines de congés par an.

De plus, quand un libéral part en vacances, il n'est pas payé. Il doit donc anticiper les charges qui continueront de tomber en son absence et piocher dans ses économies pour profiter de ces congés.

Enfin, la prétention qu'on peut attribuer à certains libéraux peut s'avérer juste. Qui n'a jamais rencontré un avocat froid et hautain? On l'a tous vécu au moins une fois.

Mais parlons aussi des clients ou des patients. Je peux vous assurer que les énergumènes se situent des deux côtés du bureau.

Entre les personnes qui vous harcèlent au téléphone, parfois même la nuit et le weekend. Ceux qui oublient leur rendez-vous ou qui décommandent 10 minutes avant. Les retards incessants, les réponses au téléphone en plein rendez-vous, les incivilités en tout genre…

Libéral(e), en êtes vous capable ?

Et bien je dois vous avouer une chose, pour ma part je retiens plus facilement les individus néfastes plutôt que les patients sympathiques.

Un peu comme chacun d'entre nous, qui ne retenons que le mauvais professionnel. C'est humain, le tout est de ne pas généraliser.

2-Les qualités d'un bon libéral :

A mon sens, il n'existe pas de qualités indispensables à la profession libérale. C'est possible pour chacun d'entre nous de réussir avec ce statut. Encore faut-il avoir la volonté d'y arriver. Et c'est ici, que va se jouer la différence.

En effet, l'ambition et la motivation restent pour son activité professionnelle des valeurs essentielles.

Dès votre création d'activité, les formalités administratives vous demanderont énormément de ténacité pour la mise en place de votre exercice.

Alors avant de commencer, posez-vous cette question : "Suis-je capable de faire les efforts nécessaires pour atteindre mes objectifs ?"

Lorsqu'il n 'y a pas de hiérarchie au-dessus de vous, personne ne vous empêchera de vous lever plus tard le matin ou de remettre à demain les tâches les plus ingrates. Pourtant, vous aurez besoin d'une période de travail intense pour tout mettre en œuvre et réussir à s'installer dans votre domaine.

Pour cela, je vous conseille de vous créer un cadre quotidien.

Commencez par mettre une journée type en place, vous devez commencer votre journée de travail à telle heure. Fixez vous des petits objectifs dans votre semaine pour atteindre des résultats sur le long terme. Faites des "to do list" sur des tâches administratives ou des relances à opérer. En supprimant régulièrement des tâches accomplies, vous toucherez ce sentiment de gratitude. C'est aussi un bon moyen pour prendre confiance en soi, de réaliser qu'on est capable de s'accomplir dans son projet.

Car à la fin du mois, c'est votre compte en banque qui vous rappellera si vous avez bossé suffisamment ou non. Il n'y aura aucune excuse, vous serez la ou le seul responsable!

Puis, ce n'est pas une qualité qui me vient à l'esprit mais bien une composante indispensable à votre réussite, celle de savoir s'entourer pour son activité.

Par exemple, un notaire devrait se faire connaître des agents immobiliers autour de son lieu d'exercice afin que ces derniers lui ramènent des signatures de ventes immobilières à son cabinet.

Mais il y a aussi la composante de gestion, ou tout simplement le libéral devrait être accompagné par un banquier qualifié, un assureur, un comptable si besoin…

Toutes ces personnes qui feront partie de votre quotidien d'indépendant sont à choisir avec une extrême vigilance. Je serais d'avis de toujours suivre des recommandations pour ce genre de professionnels. Et de ne pas aller voir le premier venu, juste parce qu'il habite à 2 rues de chez vous.

Libéral(e), en êtes vous capable ?

Ce sont ces personnes qui vont aussi bien, par leur conseil ou leur partenariat, faire de votre future entreprise un succès ou un échec. C'est donc primordial.

Le libéral m'effraie, est-ce normal ?

Oui c'est normal d'avoir peur et ce serait même un abus de confiance de ne pas la ressentir. En effet, être libéral enlève toute sécurité contrairement au salariat (d'autant plus depuis que le Covid-19 est passé par là).

Dans mon cas personnel, j'ai mis 3-4 ans suite à mon installation pour que cette angoisse du lendemain disparaisse complètement.

Je me souviens que ce stress réapparaissait lors des semaines plus calmes où j'avais moins de demandes de rendez-vous et où j'avais le temps de cogiter.

Tout le monde passe par là, mais peut être qu'au lieu de se tourner les pouces dans cette situation, il serait plus judicieux de mettre une nouvelle stratégie en place afin d'attirer du monde.

Bref les moments calmes, il faut les utiliser à bon escient. Cela peut vous permettre de trouver de nouvelles idées pour développer votre activité.

A présent, il est temps de parler de la relation que vous allez mettre en place avec vos futurs clients ou patients. En fonction de votre attitude, de vos choix et de votre accueil, vous allez sceller votre relation avec ces personnes extérieures.

Libérale 2.0

Elle sera déjà plus ou moins codifiée par la société, en rapport avec votre sphère professionnelle. On n'aura jamais la même relation avec son banquier qu'avec son coach sportif. Et c'est normal, car ils n'ont pas le même objectif pour vous. Ici, c'est à vous de choisir quelle posture vous voulez établir:

- Si vous adoptez un comportement plutôt froid et strict, vous passerez pour quelqu'un de sérieux et d'austère.
- Si vous êtes plutôt calme et timide, les gens auront plus de facilité à vous accorder leur confiance, même si on pourra vous reprocher votre manque de prestance.
- Enfin, si vous êtes du genre bavard et sociable, on vous trouvera sympathique, mais peut être pas assez professionnel.

Quoi qu'il en soit, vous allez vous confronter à des clients/patients qui vont vous adorer. Et d'autres qui n'auront pas le même feeling. On ne peut pas plaire à tout le monde, c'est humain. Mais il y a quand même une démarche à avoir pour que cela n'arrive pas trop souvent.

En premier lieu, soyez courtois et poli, recevez les gens à l'heure quand c'est possible. Mettez la personne à l'aise, soyez à l'écoute de sa problématique, évitez de trop lui couper la parole afin de la mettre en confiance.

Selon moi, un professionnel empathique et qui a un discours clair envers son interlocuteur se met dans les meilleures dispositions pour accompagner ce dernier.

Pour aller plus loin dans cette relation, recevoir les gens dans un local propre et chaleureux, permet de renforcer cette première impression. En effet, se retrouver dans un lieu

Libéral(e), en êtes vous capable ?

agréable permet aussi bien au destinataire qu'à vous même, professionnel, d'être dans les meilleures dispositions pour accueillir sa demande.

Continuer à vous former est un excellent moyen de montrer que vous suivez l'actualité dans votre domaine. Et cela vous permettra également de relancer la motivation dans votre pratique, en introduisant de nouveaux concepts.

En résumé, il n'y a pas de qualités exceptionnelles à avoir en tant que libéral. Mais il faut tout de même avoir le sens des priorités entre votre travail et votre plaisir personnel, surtout au lancement de votre entreprise.

Votre entourage professionnel vous permettra de vous reposer sur certaines tâches qui vous excédent comme la comptabilité par exemple. Ne négligez pas, à qui vous faites appel, les lois changent fréquemment au niveau fiscal. Il faut donc quelqu'un qui se tienne régulièrement à jour.

La peur n'empêche pas l'action, c'est une composante naturelle de l'être humain. Et même si la plupart d'entre nous fuyons cette peur de l'inconnu. Certains se révèlent encore plus fort après l'avoir confrontée. Ce qui permet de trouver ou de retrouver une certaine confiance en soi. Croyez-moi, c'est du vécu !

Décidez, avant de débuter, quelle relation vous voulez mettre en place avec vos futurs clients/patients. Et adoptez une attitude qui vous correspond au travail. Entre nous, je côtoie des praticiens de santé parfois très austères mais finalement sympathiques en dehors de leur cabinet. Ils ont juste pris le parti de ne pas copiner avec leurs patients, ça ne les empêche pas d'avoir une très bonne réputation.

Formez vous en continu et fixez des objectifs, afin d'éviter la monotonie et la routine dans votre travail.

Voilà tout ce qu'on peut dire sur les qualités ou sur la ligne directrice d'une profession libérale. Voyons à présent, les avantages et les inconvénients de ce statut.

3-Avantages et inconvénients de la profession libérale:

A ce sujet, j'ai voulu établir un tableau comparatif sur le mode de vie du libéral entre avantages et inconvénients.

Certains verront dans les avantages, des inconvénients et vice-versa, c'est propre à chacun.

Dans mon préambule, je mettais en garde les futurs libéraux sur les nombreux désavantages de ce statut. Mais soyez sûr qu'il existe des privilèges tout aussi importants qui viennent contrecarrer ces craintes.

La liberté de décision et l'absence de hiérarchie sont pour moi deux composantes majeures à mon épanouissement en tant que libéral.

En contrepartie, je fais face à plus de pression sur mes résultats en tant que thérapeute. Puisque je suis seule responsable de mes actes et donc des conséquences cliniques sur mes patients.

Voici, ce que j'ai noté en priorité:

Libéral(e), en êtes vous capable?

Avantages	Inconvénients
Autonomie et liberté	Échec personnel
Gestion du temps	Ne pas compter ses heures
Poser ses vacances	Pas de revenus en vacances
Revenus intéressants	Revenus irréguliers et risqués
Prélèvements sociaux	Maigre couverture sociale
Evolution de l'activité	Absence de sûreté de l'emploi
Relationnel	Personnes toxiques
Créer un réseau	Travailler seul
Choix de son lieu de travail	Déplacements
Esprit libre	Responsabilité-Pression

Fig 2.1: Tableau Avantages/Inconvénients du libéral - Libérale 2.0. Rouméjon Charlotte

3.1 Autonomie et liberté VS Échec personnel:

Lorsqu'on travaille pour soi, il est vrai que l'on ressent rapidement un sentiment de liberté très agréable. Surtout quand on connaît le contexte du salariat, avec une hiérarchie excessivement présente dans les grandes entreprises.

Ne devoir des comptes qu'à soi-même est assez gratifiant. Puisque tout ce que vous allez entreprendre et réussir, sera grâce à vous et pour vous directement.

C'est donc un des atouts majeurs de ce statut. Vous allez être décideur de votre manière de travailler, des échéances à mettre en place et des objectifs principaux dans votre domaine.

Mais cette liberté a un prix. Pour être libre, il faut que votre entreprise tourne et vous rémunère.

C'est donc important de se fixer un cadre et une routine, afin de se mettre dans les meilleures dispositions pour son activité.

Au début, lorsque vous attendez vos premiers clients/patients, faites en des instants de travail pour démarcher et réseauter. Ce serait la moins bonne des idées que de rester derrière votre bureau, en attendant que quelqu'un vienne toquer à votre porte.

Car s'il est vrai que vous serez le seul responsable de votre réussite, vous le serez aussi en cas d'échec.

3.2 Gestion du temps VS Ne pas compter ses heures:

Un autre avantage d'être libéral, est la malléabilité de votre emploi du temps.

Vous pourrez, si vous avez un rendez-vous médical, une séance de sport ou un impératif, vous arrangez pour faire rentrer ce moment dans votre semaine. Sans pour autant avoir un supérieur qui râle ou un collègue qui vous juge.

C'est une vérité, je m'y reconnais par contre il faut souvent compenser le jour où vous n'êtes pas là. Car le boulot lui, s'accumule toujours.

Libéral(e), en êtes vous capable?

On doit également parler des échéances qui sont parfois intenses sur certaines périodes et qui font que le libéral ne compte pas ses heures.

Exemple:

Sortie de confinement du COVID, je n'avais pas travaillé pendant plus de 2 mois.

J'ai mis presque 4 mois, avant de retrouver un rythme normal. Ce fut la folie tout l'été, car tous mes patients n'attendaient qu'une chose, la réouverture.

Et dans ces moments-là, on ne peut pas se contenter de faire ses heures habituelles.

D'une part, les patients en attente de traitement étaient en souffrance et d'autre part car je n'avais pas eu de revenus pendant 2 mois. Alors je n'allais pas en plus refuser l'afflux qui m'a permis de finalement rééquilibrer cette année 2019.

3.3 Poser ses vacances VS Pas de revenus en vacances:

C'est un avantage que j'aime particulièrement, celui de poser mes vacances à ma guise. Cela me permet souvent de voyager en saison basse.

Mais finalement, le principal atout est de simplement pouvoir prendre autant de jours qu'on le souhaite, à sa convenance.

Car il n'est pas rare d'entendre dans le monde salarié, la présence de congés imposés ou de semaines à choisir avec

les collègues du même service, signe souvent de tension interne.
Ici, c'est vous seul qui tranchez même s' il y a des facteurs qui rentrent en compte.

Dans un premier temps, évitez de prendre des congés pendant les périodes clés de votre activité. Un expert-comptable évitera de partir en mai au moment des clôtures de comptabilité.

Ensuite, prévoyez en amont vos congés pour prévenir vos clients/patients pour qu'ils puissent prendre leur disposition..

Sur de longues périodes d'indisponibilité, essayez de toujours prendre un ou une remplaçante régulièrement ou de déléguer à un de vos collaborateurs pour les urgences, mais aussi pour éviter le retour de folie.

Pour finir, on parle ici de vacances mais n'oubliez pas une chose, votre absence sera aussi signe d'arrêt de votre activité et donc de vos revenus.

Donc en libéral, vous ne toucherez aucune rémunération pendant votre absence et vous continuerez de payer vos charges fixes. Il faut donc pouvoir partir en lissant sa rémunération sur l'année et surtout piocher dans ses économies pour profiter de son futur projet vacances.

C'est donc au début de l'activité que ce sera le plus délicat, car souvent on rentre tout juste dans ces frais et on se paye peu.

Pour ma première année, je n'ai pris aucun jour de congés. Pour la seconde je suis partie une semaine puis petit à petit

Libéral(e), en êtes vous capable?

j'ai augmenté le ratio. Aujourd'hui, après 12 ans de vie libérale, je m'accorde environ 6 semaines par an en moyenne.

3.4 Revenus intéressants VS Revenus irréguliers et risqués:

Il est vrai qu'on qualifie souvent les professions libérales, d'entreprises qui génèrent de bons revenus voire de très bons revenus.

Quand on sait qu'au régime réel, un libéral touche en moyenne 5410€ mensuel en 2017, on ne peut qu'acquiescer. Mais qui dit régime réel, dit profession installée depuis longtemps et qui tourne donc sans problème (pas de micro-entrepreneur dans ce régime).

Au contraire les micro-entrepreneurs, eux, sont à 580€ de revenus mensuels en 2017. Ce qui montre l'immense écart entre les nouveaux arrivants et les professionnels installés depuis des années.

Il faut donc y voir un détail important. Oui, une profession libérale peut très bien gagner sa vie mais rarement dans les premières années (sauf s'il s'agit d'une profession sous dotée et donc très demandée).

C'est d'ailleurs le moment où certains décident d'abandonner, car cela provoque trop de sacrifices à leurs yeux. Au contraire, d'autres persistent jusqu'à atteindre la liberté financière grâce à leur activité.

On voit donc que c'est un réel risque de passer en libéral, mais que le jeu en vaut la chandelle pour ceux qui s'accrochent.

Libérale 2.0

D'ailleurs, il existe une quantité de métiers ou l'on peut aussi bien travailler en libéral qu'en salarié. On se rend compte qu'au départ, le salariat est bien plus intéressant d'un point de vue rémunération et protection sociale. Mais ensuite, avec l'évolution de carrière, le libéral reste souvent plus attrayant à tout point de vue. Car le développement de son exercice permet de se récompenser plus facilement qu'en étant dans une entreprise lambda avec ses 2% d'augmentation par an, quand ils sont présents.

> <u>Exemple:</u>
>
> Un notaire salarié touche en moyenne en France en 2021, 4375€ net mensuel (<u>talent.com</u>).
>
> En 2017, selon Bercy (Ministère de l'économie), un notaire à la tête de son étude touche en moyenne 20 000€ net mensuel.
>
> Quand on observe cet exemple, c'est finalement presque choquant de voir des individus qui ont la même fonction mais qui nagent dans 2 mondes complètement différents.
>
> Oui mais voilà, notre notaire salarié effectue généralement environ 40 heures/semaine, prend 6 semaines de congés annuels et à l'esprit relativement libre.
>
> Tandis que le notaire libéral, va travailler en semaine, en soirées, les week-ends et parfois même en vacances quand ce sera nécessaire. Il devra manager toute une équipe de collaborateurs, de notaires associés, de clercs de notaires et de secrétaires.

Enfin, il aura à payer tous les mois les charges imputées à son étude :

- Prêt immobilier ou loyer
- Salaire et charges sociales de ces collaborateurs
- Charges sociales pour sa rémunération et son activité
- Equipement informatique et bureautique
- Taxes
- Energies

C'est donc un risque bien plus conséquent, source de stress et de difficultés. Ainsi qu'une charge de travail plus importante et plus diversifiée, auquel le salarié ne sera pas confronté.

Ce qui justifie à mon sens un meilleur salaire. Même si dans ce cas précis, il est vrai que l'écart paraît démesuré. Ce n'est pas le ratio pour toutes les professions, rassurez-vous!

3.5 Prélèvements sociaux VS maigre couverture sociale:

Observons ensemble la répartition des cotisations sociales obligatoires pour un libéral en France.

Toutes ces cotisations sont prélevées par l'Urssaf (Union de Recouvrement des cotisations de Sécurité Sociale et d'Allocations Familiales) à l'exception de la retraite de base et de la complémentaire.

Comme vous pouvez le constater, plus vos revenus seront importants, plus les taux de cotisations augmenteront.

Libérale 2.0

	Revenu pris en compte	Taux de cotisations
Maladie-Maternité	Inférieur à 45 250 €	Progressif de 1,50% à 6,50%
	Au-delà	6,50%
Allocation familiale	Inférieur à 45 250 €	0%
	Entre 45 250 € et 57 590 €	Progressif de 0% à 3,10%
	Au-delà	3,10%
CSG CRDS	Revenus professionnels + réintégration des cotisations sociales	9,70%
	Revenus de remplacement	6,70%
Retraite de base	Inférieur à 41 136 €	8,23%
	Inférieur à 205 680 €	1,87%
Retraite complémentaire	Variable selon les caisses	Variable selon les caisses
Invalidité-Décès	Variable selon les caisses	Variable selon les caisses
CFP	Plafond Annuel de la Sécurité Sociale	103€

Fig 2.2: Cotisations et contributions sociales du libéral - Source: Indy.fr

En contrepartie de ces cotisations sociales obligatoires, le libéral pourrait s'attendre à une protection sociale importante. Mais ce n'est pas vraiment le cas.

Pour cette raison, la majorité des libéraux prennent des assurances complémentaires (prévoyance) afin de pallier tout accident de la vie. Car les prestations obligatoires ne permettent pas en cas de pépin de combler le revenu du libéral.

De plus, les libéraux s'arrêtent très peu en cas de maladie. Ils paient donc une cotisation sociale obligatoire et souvent une assurance complémentaire mais peu d'entre eux, les font fonctionner.

Libéral(e), en êtes vous capable?

Néanmoins, c'est à mon sens indispensable d'adopter une prévoyance. Car si tout va bien dans votre vie, tant mieux et vous pourrez travailler sereinement. Mais s'il y a le moindre problème, vous serez pris en charge pour la gestion de vos revenus et charges.

A titre informatif, on a fait face à un mouvement de révolte lors de la première vague du COVID 19, avec des libéraux qui pensaient avoir des contrats de prévoyance ou d'assurance multirisques prenant en charge la perte d'exploitation en cas de pandémie. Sauf que la majorité d'entre nous, se sont retrouvés sans ressources à cause de cette fameuse clause qui dit "sauf en cas de pandémie mondiale".

Du coup, 2019 et 2020 ont été deux années où énormément de libéraux ont changé d'assureur ou de contrat.

Note pour plus tard: "Toujours lire les petites lignes"!

3.6 Evolution de l'activité VS Absence de sûreté de l'emploi:

Une chose intéressante en libéral est d'observer l'évolution de son activité, année après année.

Avec votre développement, vous allez faire face à une multiplication des tâches qui permettent de sortir un peu du train-train quotidien.

Recruter des collaborateurs, manager une équipe, s'occuper de la communication, devenir un pionnier dans votre domaine, toutes ces tâches attenantes peuvent être une source de motivation pour vous.

Libérale 2.0

La prise de décision sera à votre charge avec les conséquences qui s'impliquent. Cela vous permettra d'appréhender de nouvelles compétences, qui n'ont pas forcément été acquises durant votre formation.

En contrepartie, une chose est sûre, le libéral ne sait jamais de quoi demain sera fait. Il n' y a aucune règle assurant la sûreté de son emploi.

Certes, les professionnels tels que les médecins ou les notaires n'ont pas vraiment de souci à se faire. Au vu de leur indispensabilité dans la société.

Mais pour des professions plus précaires ou dans l'ère du temps, leur activité va-t-elle se maintenir?

Exemple:

Prenons le cas des coachs sportifs, il y en a énormément qui se mettent à leur compte. Mais aujourd'hui, avec l'ère d'internet et d'autant plus depuis le covid, les clients passent régulièrement par des plateformes vidéos.

Il a donc fallu que ces coachs s'adaptent et proposent des cours en virtuels ou carrément des programmes vidéos réalisables à la maison. Ceux qui n'ont pas passé ce cap risquent de finir en queue de peloton.

Libéral(e), en êtes vous capable?

3.7 Relationnel VS Personnes toxiques:

La relation de confiance qui peut s'installer entre un professionnel et son patient/client est passionnante. On peut accompagner des gens dans leur parcours pendant des années, voir grandir leurs enfants, suivre des familles entières.

A contrario, vous allez faire face à des personnes dites toxiques qui sont par leur langage ou leur comportement néfastes à votre équilibre.

Plus facile à dire qu'à faire, surtout quand on a du mal à lever le ton. Mais en tant que professionnel, il faut savoir se protéger et se faire respecter.

Les personnes qui vous harcèlent au téléphone, week-ends compris, celles qui n'honorent pas les rendez-vous ou qui sont systématiquement en retard, il faut les recadrer. En général, une fois suffit pour que le message passe et que ça ne se reproduise pas.

Concernant les énergumènes incontrôlables ou systématiquement insatisfaits, une seule chose à faire, dites leur que vous ne les recevez plus dans ces conditions. Soit ils se calmeront, soit ils iront voir ailleurs. Et cela vous soulagera à coup sûr.

Mon analyse peut paraître un peu crue et froide. Mais avec l'expérience, je me suis aperçue que je retenais plus facilement la personne impolie que le patient sympathique, ce qui peut gâcher une journée.

Alors pour votre confort personnel, sachez être ferme face à ce genre de comportements.

Libérale 2.0

3.8 Créer un réseau VS Travailler seul:

Réseauter fait partie de la vie du libéral que ce soit pour sa propre activité (cas du notaire et de l'agent immobilier) ou pour sa gestion (comptable, avocat, juriste…).

La présence du réseau dans le quotidien d'un libéral, permettra d'avoir une oreille extérieure pour ces problématiques et de trouver des solutions face à ces difficultés.

Avoir du réseau, c'est aussi s'associer géographiquement à d'autres professionnels. Les maisons pluridisciplinaires sont de plus en plus en vogue, que ce soit dans le médical ou dans le juridique. Car les professionnels soulignent leur engouement à travailler en équipe, même si chacun à son activité bien distincte. Ils restent maîtres de leur exercice, tout en bénéficiant d'un réseau de professionnels attenants.

Rappelons que 77% d'entre nous, travaillons seuls. C'est donc 3 libéraux sur 4 qui pourront faire face à une solitude parfois pesante.

C'est pour cela qu'associer ces entrepreneurs individuels peut s'avérer une belle idée.

D'un autre côté, certains professionnels n'auront malheureusement pas ce choix ou cette alternative de travailler en commun.

Cette sensation est encore plus marquée chez les professionnels qui travaillent de leur domicile ou qui se déplacent en permanence. Car ils font face à un manque de lien social quotidien, important à l'équilibre de chacun.

Libéral(e), en êtes vous capable ?

N'hésitez pas à contacter les associations et réseaux d'indépendants de votre région. Cela permet des regroupements avec d'autres professionnels qui vivent votre quotidien. C'est une excellente façon de créer du lien et de réseauter dans un environnement agréable. Le réseau social Linkedin peut être également une aide non négligeable à vos problématiques, en les partageant avec vos confrères et en créant un réseau rassurant.

3.9 Choix de son lieu de travail VS Déplacements:

Lorsque vous commencerez votre activité, vous ferez le choix de votre lieu d'exercice. A domicile, en déplacement, dans un local professionnel ou dans un bureau partagé, c'est à vous de décider en fonction de vos besoins.

Dans le cas d'un local, qu'il soit à votre domicile ou à l'extérieur, vous allez pouvoir l'aménager à votre convenance pour qu'il vous ressemble et que vous vous y sentiez bien.

Cela peut paraître anodin mais travailler dans un univers agréable, fait partie des facteurs qui agissent sur votre bien être au travail.

Malheureusement, comme déjà évoqué dans le paragraphe précédent, les personnes qui seront en déplacements permanents n'auront pas ce confort.

Dans ce cas, si vous passez votre temps en voiture, essayez par exemple de privilégier un véhicule confortable et qui vous convienne pour moins subir ce désagrément.

3.10 Esprit libre VS Responsabilité-Pression:

Quand la vie libérale tourne correctement et que tous les feux sont au vert, c'est un vrai bonheur.

Bien sûr, il y a quelques tracas parfois dans l'année (déclaration comptable, régularisation de charges, demande administrative...) mais dans l'ensemble et dans ces conditions, ça reste un statut très agréable.

Personne au-dessus de vous, pour vous dire quoi faire. Vous êtes décisionnaire de tous vos choix professionnels. Vous n'avez finalement de compte à rendre qu'à votre interlocuteur et à vous-même.

C'est donc sereinement que vous pourrez partir en vacances, car en rentrant vous savez que vous trouverez un agenda plein. Bref, la vie professionnelle qui personnellement me va très bien.

Mais d'un autre côté, on peut aussi voir cette charge décisionnelle comme un fardeau un peu trop lourd pour certains. Le fait de décider seul n'est pas toujours signe de choix judicieux.

On peut faire des erreurs, comme tout le monde. L'essentiel est de les assumer et d'éviter de les cumuler, afin de se créer une réputation positive dans son domaine.

Car effectivement, cette peur de mal faire ou d'oublier une tâche peut vous suivre le soir après le travail, le week-end ou pire encore pendant vos vacances Et ici, on s'éloigne totalement du concept du libéral heureux pour celui du libéral anxieux.

Libéral(e), en êtes vous capable?

4-Journée type d'une profession libérale:

Ici, l'idée n'est pas de raconter ma vie quotidienne, mais plutôt de comprendre la mise en place d'un cadre professionnel. Ce paragraphe sera peut être inutile pour certains. Tout de même, je trouve important de le partager pour ceux qui se posent des questions sur le quotidien d'un libéral dans le médical.

Pour information, je travaille dans un établissement avec plusieurs professions médicales et paramédicales.

Sur une journée classique, voici donc mon emploi du temps :

- 8h30: Arrivée au cabinet, rappels téléphoniques, réponses aux mails, ouverture de l'agenda, préparation du cabinet, rangement si nécessaire
- 9h: Début des consultations
- 12h30-13h : Fin des consultations pour la matinée
- Pause jusqu'à 14h00 pour déjeuner sur place ou à l'extérieur
- 14h00: Reprise des consultations
- 18h30: Fin des consultations et de la journée

Mon mode de travail est simple, j'effectue les démarches administratives sur des temps morts, sur ma pause déjeuner ou lorsqu'un patient est absent par exemple.

Donc j'en profite souvent pour répondre à un courrier ou à une problématique en cours pour éviter de le faire sur mon temps de repos chez moi. Pour cela, j'ai toujours ma "To do list" pas très loin pour me rappeler les obligations du moment.

En travaillant de cette manière, je n'ai jamais réalisé un bilan comptable en dehors de mon lieu de travail. Contrairement à certains de mes collègues qui font parfois cette tâche à la maison.

De mon point de vue, plus vite j'ai réalisé une tâche, plus vite j'en débarrasse mon esprit. D'ailleurs dans cette optique, j'ai adopté depuis plusieurs années cette fameuse "To do list" attitrée à mon activité d'ostéopathe et de gestionnaire de cabinet. Ce qui me permet de ne rien oublier tout en restant sereine et productive. C'est très efficace dans mon cas.

5-Constat:

Comme dans l'ensemble de la société, on retrouve dans la catégorie des libéraux, des bons et des mauvais. C'est un fait, il faut de tout pour faire un monde.

A mon avis, il n'y a pas de profil plus avantageux qu'un autre pour réussir. Malgré tout, il est nécessaire d'être extrêmement motivé, notamment dans les secteurs saturés pour sortir du lot.

Il convient d'être patient avant que le travail paye. Car malheureusement parfois, il faut attendre plusieurs années avant d'être récompensé. C'est finalement ici, la principale difficulté du début d'activité.

Une fois qu'on a dit ça, les clichés que vous entendrez à votre égard ou sur vos collègues libéraux, passez au dessus. Soyez fier de votre travail et de votre engagement. De toute façon, peu importe le statut, il y aura toujours des sources de jugement.

Libéral(e), en êtes vous capable ?

Ensuite, si vous vous rendez compte que vous n'avez pas forcément un profil très organisé. N'ayez craintes, je faisais partie de cette case là. Sauf que le job m'a transformé, pas totalement heureusement. Mais je pense qu'on s'adapte à son activité et qu'on grandit avec.

Concernant les avantages et les inconvénients, ils se contrebalancent assez bien. Mais je dois souligner que lorsque tout se passe bien, c'est un confort incroyable de travailler pour soi.

A tel point, qu'aujourd'hui je me sens totalement incapable et inadapté à aller travailler dans une entreprise en tant que salarié.

Voyons à présent les choix nécessaires pour s'implanter durablement comme profession libérale dans votre secteur.

Libérale 2.0

S'implanter durablement!

1-Choisir sa zone géographique:

Avant de scruter toutes les petites annonces à la recherche du parfait local. Réfléchissez à la zone géographique à investiguer et à l'impact sur votre vie personnelle (distance avec le domicile notamment).

Après tout, lorsqu'on s'installe c'est dans l'optique d'y rester un bon moment, voir définitivement. Donc autant le faire à un endroit qui vous convient parfaitement. En effet, il serait dommage de faire un mauvais choix au départ et de devoir tout recommencer ailleurs. Car l'installation est finalement l'étape la plus difficile quand on se lance.

C'est donc une recherche intense qui va débuter. Orientez vous vers une zone qui vous attire et qui soit en adéquation avec votre situation familiale (urbain/rural, Métropole/Dom-Tom/Etranger, grande ville/petite ville).

Si vous êtes célibataire et sans attaches, il sera plus facile de bouger à l'autre bout du pays, si l'envie vous en dit.

Tandis qu'un professionnel en couple devra penser aussi à son conjoint et s'ils existent, à ses enfants pour les établissements scolaires notamment.

Libérale 2.0

Il faut donc trouver un juste milieu pour vous assurer une vie personnelle épanouie, sans être trop éloignée de votre lieu professionnel.

Ensuite, une étude de marché peut parfois être nécessaire pour être certain que la zone choisie puisse être porteuse pour votre activité.

Les questions à se poser sont les suivantes:

- Le secteur est-il dynamique? Pour cela, regardez l'évolution de la démographie sur la ville d'implantation. Si elle augmente, c'est bon signe.

- Faites un bilan sur la population qui est installée dans la ville: moyenne d'âge, naissances, taux de chômage, catégories socio-professionnelles…

- Observez les professionnels déjà installés et les infrastructures qui peuvent vous intéresser: professionnels libéraux, entreprises et commerces, bâtiments scolaires, l'attrait touristique, loisirs…

Pour cela, je vous renvoie vers le site linternaute.com/ville/, qui fait des bilans vraiment complets sur les différentes villes de France (basés sur les statistiques Insee).

Exemple:

Observons les informations essentielles de la ville de Poitiers, afin d'étudier les éléments clés pour une future installation en 2024.

S'implanter durablement!

On analyse sur le graphique que la démographie repart à la hausse depuis 2014 et de manière assez importante à Poitiers.

Ceci démontre une relance de l'activité intéressante sur ce secteur. C'est déjà un point positif pour ce territoire.

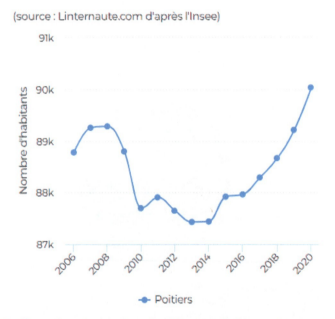

Fig 3.1 Evolution du nombre d'habitants à Poitiers - Source: Insee

Sur le diagramme suivant, on peut apprécier la répartition des catégories socioprofessionnelles sur la ville de Poitiers.

Cela donne un indice, si votre profession est plutôt tournée vers telle ou telle catégorie.

Par exemple, un expert-comptable travaillera en majorité avec des artisans/commerçants, chefs d'entreprises et libéraux.

C'est donc important de savoir s'il y a suffisamment de clients potentiels.

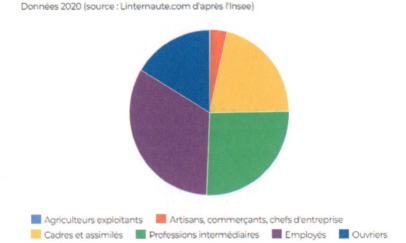

Fig 3.2 Répartition des catégories socioprofessionnelles à Poitiers - Source: Insee

S'implanter durablement!

Dans un troisième temps, voici l'évolution du nombre d'entreprises au cours des 15 dernières années à Poitiers.

Cette croissance est vraiment positive sur cette période.

Cela permet de constater que Poitiers est une ville attrayante et dynamique. Le nombre d'entreprises créées génère forcément des emplois et donc des résidents sur le secteur.

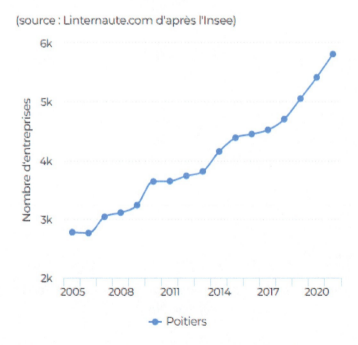

Fig 3.3 Evolution du nombre d'entreprises à Poitiers - Source: Insee

Libérale 2.0

> Dans un dernier temps, si vous voulez approfondir vos recherches, le site de l'internaute vous détaille même le nombre de commerces différents, la répartition des représentants de la santé ou du juridique, c'est très complet.

Personnel de santé à Poitiers

2021	Poitiers	Pour mille habitants	Moyenne nationale
Médecins généralistes	97	1,09 ‰	0,38 ‰
Masseurs-kinésithérapeutes	78	0,87 ‰	0,50 ‰
Dentistes	57	0,64 ‰	0,15 ‰
Infirmiers	73	0,82 ‰	0,98 ‰
Spécialistes ORL	5	0,06 ‰	0,00 ‰
Ophtalmologistes	7	0,08 ‰	0,01 ‰
Dermatologues	8	0,09 ‰	0,00 ‰
Sage-femmes	12	0,13 ‰	0,04 ‰
Pédiatres	9	0,10 ‰	0,01 ‰
Gynécologues	11	0,12 ‰	0,01 ‰

Fig 3.4 Répartition des professionnels de la santé à Poitiers - Source: Insee

S'implanter durablement!

Il y a encore de nombreux éléments qui peuvent être observés sur la ville choisie :

- Établissements scolaires
- Taux de chômage
- Taux de retraités
- Zones touristiques et de loisirs
- Moyenne de l'impôt sur le revenu

- Salaires moyens
- Prix de l'immobilier
- Budget municipal
- Associations sportives
- Prix de l'eau et du gaz
- Et bien d'autres...

Sur le site de l'Insee, vous pouvez également trouver un dossier encore plus complet sur la ville d'implantation choisie.

Ce dernier vous permettra d'observer l'évolution de la population, sa répartition selon les âges et les types de foyers (célibataire, avec ou sans enfants, monoparental...). Vous avez également accès aux catégories professionnelles des habitants, à leur niveau de diplômes, leur possession d'un ou plusieurs véhicules, l'utilisation des transports en commun, le taux de natalité et de mortalité et plus encore. Bref un dossier hyper précis.

Pour le secteur médical, rendez vous sur le site Cartosanté qui représente la répartition de l'accès aux soins dans toutes les villes françaises.
Son avantage est qu'en fonction de la ville sélectionnée, vous savez si vous vous trouvez dans une zone spécifique (zone ou quartier prioritaire, zone d'action complémentaire,...). Ce qui peut être à l'origine d'aides ou de réduction d'impôts par endroit.

Il existe aussi le site Rezone pour les médecins.

Libérale 2.0

Attention, certaines professions sont régies par des ordres professionnels qui ont des règles de déontologie spécifiques en fonction de la profession.

Par exemple, un masseur kinésithérapeute ne pourra pas s'installer dans le même immeuble qu'un confrère, sauf si ce dernier accorde son consentement.

Il est donc important de se renseigner auprès de votre ordre (si vous en avez un) avant d'effectuer les recherches. De plus les ordres et les syndicats professionnels pourront aussi vous donner un coup de main si vous les solliciter lors de votre installation.

Si vous n'êtes pas sûr de vous ou que cette étude de marché vous paraît trop compliquée, sachez qu'il existe des sociétés qui peuvent le faire à votre place. On retrouve rapidement sur internet, le site Libizi spécialisé pour les professions libérales ou encore Smappen.

Par la suite, vous pouvez demander de l'aide aux maisons des professions libérales (MPL de chaque région), aux chambres de commerce et aux ordres qui rassemblent régulièrement des statistiques sur les professions représentées.

Enfin, si vous êtes plutôt d'un tempérament indécis et que vous avez du mal à vous décider sur la destination finale de votre activité. Il serait peut être judicieux de travailler en tant que remplaçant, qu'assistant ou même en tant que salarié au départ pour évaluer votre capacité à vous projeter ensuite sur une zone en tant que libéral.

S'implanter durablement!

Attention tout de même car certains contrats de remplacement interdisent au suppléant de s'installer sur le secteur du titulaire, donc méfiez-vous à la signature du contrat.

2-Choix du mode d'exercice:

Une fois que vous avez déterminé votre zone d'implantation, il va falloir faire des choix logistiques en fonction de vos besoins:

- Travailler à son domicile
- Travailler dans un local seul ou à plusieurs
- Travailler en déplacements

Ici, le choix se fera en fonction des nécessités liées à votre activité. Par exemple, un géomètre effectue des déplacements mais a également besoin d'un local pour recevoir ses clients. Contrairement à un écrivain qui peux produire de son domicile ou d'un autre lieu à sa convenance, sans recevoir de public.

Si un local est indispensable à l'accueil de vos clients ou de vos patients, que ce soit à votre domicile ou dans un local externe, n'oubliez pas la présence de certains critères indispensables:

- WC indépendant avec un lave mains
- Espace d'attente
- Une pièce suffisamment grande pour accueillir
- Normes ERP (Etablissement Recevant du Public - possibilité de dérogation)
- Parking

Ce sont les priorités mais en fonction de vos besoins, cette liste peut évidemment s'allonger.

2.1 Travailler à son domicile :

Que ce soit dans un local attenant ou dans son propre bureau, c'est possible. Mais pour cela vous devez obtenir une dérogation pour un usage mixte de la part de la mairie, si vous recevez du public.

Si vous êtes locataire et/ou en copropriété, vous devez vous assurer qu'il est possible d'exercer une activité professionnelle auprès de votre propriétaire ou dans le règlement de copropriété.

Si vous êtes locataire ou propriétaire de votre logement, vous pouvez sous certaines conditions payer un loyer qui passera en charge dans votre bilan comptable.
Le paiement du loyer doit être visible dans votre comptabilité.

Le siège social de votre activité doit être le même que votre domicile et vous devez y dédier un bureau. Le calcul du loyer se fait au prorata de la surface de la pièce sur l'ensemble du logement (mais l'administration fiscale préconise de ne pas dépasser 30%).

Enfin, le propriétaire du logement transformé doit remplir une déclaration pour la mise à jour de la valeur locative du bien, qui mettra à jour le calcul de la taxe foncière.

S'implanter durablement!

3.2 Travailler dans un local seul :

Il faut s'assurer d'être visible de l'extérieur, car vous n'aurez pas de collègues et donc pas de passage de potentiels clients/patients. L'emplacement de votre local sera donc primordial dans ce cas.

L'avantage c'est que vous serez seul décisionnaire pour le fonctionnement de votre local (ménage, travaux, aménagements…).

Mais vous serez aussi le seul à tout assumer financièrement, sans soutien moral pour les jours compliqués.

3.3 Travailler à plusieurs :

Il faut absolument se renseigner sur le mode de fonctionnement des autres professions, avant de signer le bail trop vite.

Car parfois, les charges dans des maisons pluridisciplinaires peuvent être très importantes. Notamment, s'il existe des salariés pour l'accueil, le ménage et l'entretien.

L'avantage, c'est que vous aurez des collègues au quotidien, vous pourrez partager vos déjeuners ensemble et créer une cohésion d'équipe.

De plus, il sera plus simple de créer votre réseau avec ces personnes déjà sur place que lorsqu'on est seul. Car les associations de professionnels se font souvent par secteur d'activité (pôle médical et juridique).

3.4 Travailler en déplacements:

Dans ce cas précis, je vous conseille de vous installer un espace confortable chez vous, pour gérer tout l'aspect administratif.

Et comme déjà cité, dès que possible offrez vous une voiture confortable et automatique pour être à l'aise tout au long de votre journée.

Vous subirez déjà suffisamment les trajets quotidiens, ce serait dommage d'ajouter le calvaire des heures de comptabilité sur votre table basse.

Pensez à votre dos, c'est l'ostéo qui parle!

3-Règle n°1: L'emplacement:

De manière générale, l'élément principal pour l'implantation d'un local reste l'emplacement.

Les professionnels installés doivent pouvoir être repérés facilement par les piétons ou les véhicules afin d'élever la notoriété de leur activité.

Il est donc nécessaire d'utiliser une plaque professionnelle ou un panneau d'affichage visible sur la façade de votre immeuble.

Certains critères sont décisifs pour le repérage de votre local:

S'implanter durablement!

- Historique du local
- Visibilité du local
- Longueur de la vitrine ou de la façade

Vous serez également plus visible dans un bâtiment référencé dans votre domaine. Si vous êtes avocat et que vous vous installez avec des huissiers, juristes ou experts-comptables, ce sera bénéfique pour vous. Car les citoyens de votre ville sauront qu'il existe un pôle juridique dans leur commune ou sont représentés de nombreuses professions, comme la vôtre.

Concernant la situation, ne sous estimez pas le stationnement. C'est primordial pour certains patients/clients, il est donc nécessaire de pouvoir se garer à proximité de votre local.

Ensuite, si vous avez accès à des transports en commun ou à des axes routiers conséquents, c'est aussi un plus.

Les zones commerçantes type centre-ville sont généralement très demandées car elles sont également signe de passage régulier.

Évitez de vous installer juste à côté d'un confrère surtout si ce dernier est présent historiquement. Dans un premier temps, vous éviterez de vous faire concurrence maladroitement contre quelqu'un qui fonctionne déjà depuis des années. Et vous vous épargnez un potentiel conflit, si ce dernier voit votre venue comme nuisible. N'oubliez pas que certains ordres peuvent refuser votre installation, si vous êtes situé trop proche d'un confrère. Renseignez vous en amont.

Enfin, après avoir trouvé la perle rare, il faudra que le loyer convienne à votre budget. Car n'oublions pas que cette charge, aussi importante soit-elle, peut vous empêcher de vous verser un salaire au départ.

C'est pour cela qu'il faudrait selon moi, établir un business plan avant de prendre ce genre de décision.

4-Business plan:

Sortons du cadre de l'emplacement pour parler du business plan, maintenant que vous avez trouvé un lieu potentiel.

Ce business plan, indispensable avant de se lancer aura plusieurs objectifs:

- Déterminer la faisabilité de votre projet
- Estimer les charges et les revenus nécessaires à l'équilibre
- Justifier votre demande d'emprunt à la banque si besoin
- Comparez votre prévisionnel au montant réel lors de votre bilan annuel

Donc pour effectuer votre business plan, calculez toutes les charges qui feront partie de votre activité (loyer, assurances, matériel, charges sociales, taxes, déplacements...).

Pour tenir l'équilibre, il faut mensuellement que votre exercice couvre au moins tous ces frais. Si ce n'est pas le cas, il faudra réduire les charges, d'où l'intérêt de ne pas prendre un local trop coûteux.

S'implanter durablement!

De plus, si au niveau du business plan votre affaire couvre tout juste les charges, cela veut dire que vous ne toucherez pas de salaire et c'est plutôt mauvais signe. Car pour ceux qui touchent des revenus, la taxation ne s'arrête pas ici. Il y a encore l'impôt sur le revenu, source d'un nouveau prélèvement. Il faut donc un business plan excédentaire pour un projet viable à terme.

Pour information, lamaisondelentrepreneur.com propose un PDF prérempli pour effectuer son business plan. Vous avez juste à remplir les cases, le formulaire est ajusté pour les professions libérales.

5-Achat ou location?

Depuis maintenant tout un chapitre, nous parlons de local dans le cas d'un contrat locatif. En effet, la majorité des professionnels libéraux qui débutent leur activité le font en location.

Mais si vous êtes prêt à acheter votre local car vous êtes sûr de vous ou que vous avez les fonds nécessaires. Sachez que j'aborde ce sujet dans un chapitre à part entière "L'immobilier pour le libéral" un peu plus loin dans cet ouvrage.

Personnellement, j'ai effectué 11 années en location avant de passer le cap de l'achat pour mon cabinet. Même si mon loyer n'était pas monstrueux (autour de 500€), j'ai quand même versé plus de 65 000€ de loyers sur cette période.

J'ai donc décidé de déménager en achetant un local dans un établissement pluridisciplinaire dans la même ville que l'ancien. Il est également plus grand, au calme et plus confortable en tout sens. Aujourd'hui, je paye un peu plus cher certes car je dois rembourser mon prêt. Mais j'évite de payer un loyer pendant 40 ans à un propriétaire externe. Mon cabinet m'appartiendra dans 20 ans et je pourrais le louer ou le revendre à ma retraite.

C'est donc une bonne stratégie lorsqu'on veut investir, car en étant son propre locataire, aucun problème de loyers impayés. Et cela permet également de se créer un capital pour la retraite.

6-Différents types de baux:

Lorsqu'on cherche une location pour un local professionnel, les propriétaires peuvent vous proposer différents types de baux. Analysons donc ce qui se trouve sur le marché et quels sont les avantages et les inconvénients de chacun.

6.1 Bail professionnel :

Il est destiné à une activité non artisanale, non commerciale, non agricole et non industrielle. C'est donc le plus répandu en France pour les professions libérales.

La durée minimale d'un bail professionnel est fixée à 6 ans. Il peut également être conclu pour une durée supérieure.

S'implanter durablement!

Le renouvellement du bail professionnel se fait tacitement. Si le propriétaire et le locataire ne se manifestent pas à la fin du contrat, le bail est reconduit pour la durée fixée.

Contrairement au bail commercial, il n'existe pas de droit automatique pour le renouvellement du bail professionnel. Si le bailleur souhaite donner congé au locataire, ce dernier doit quitter les lieux et ne peut exiger des indemnités d'éviction.

C'est le seul gros inconvénient de ce bail. Mais généralement, lorsqu'un bailleur trouve un locataire qui paye son loyer depuis des années, rares sont ceux qui veulent s'en séparer.

Le montant du loyer du bail professionnel est fixé par les deux parties et doit apparaître sur le contrat de bail, ainsi que les charges mensuelles.

Le préavis du bail professionnel est généralement de 6 mois pour sortir des locaux (lettre recommandée avec avis de réception).

Ce bail professionnel peut être signé entre les 2 parties mais peut aussi faire l'objet d'un contrôle chez un notaire ou un avocat.

Si vous souhaitez sous-louer votre local, sachez que le bail doit le permettre. Et vous devez en informer le bailleur pour tout contrat de sous-location.

6.2 Bail mixte:

C'est un contrat à la fois pour un local professionnel et une habitation principale (8 mois minimum par an). Il est interdit d'utiliser le bail mixte pour une résidence secondaire.

La durée d'un bail mixte est fixée à 3 ans minimum si le bailleur est une personne physique (particulier).
La durée d'un bail mixte est fixée à 6 ans minimum si le bailleur est une personne morale (société).
La durée d'un bail mixte est fixée à 3 ans minimum si le bailleur est une SCI à caractère familial.

Concernant le loyer et la résiliation du bail, tout est similaire au bail professionnel.

6.3 Bail commercial:

Il s'adresse aux professionnels exerçant une activité commerciale, agricole, industrielle ou artisanale. Il est principalement adapté pour les personnes inscrites au registre du commerce et des sociétés (RCS) et au répertoire des métiers. Le local est alors loué afin d'exploiter un fonds de commerce.

Néanmoins, il est tout à fait possible de contracter un bail commercial pour un professionnel libéral si le propriétaire est d'accord.

La durée du bail commercial est de 9 ans minimum.

Pour résilier un bail commercial, il faut attendre la période triennale soit une date butoire tous les 3 ans. C'est donc plus

S'implanter durablement!

compliqué de sortir des locaux, surtout si vous êtes pressé. Il faudra attendre la date éligible et continuer de payer les loyers même si vous n'avez plus besoin du local. C'est ici, un désavantage au bail professionnel.

Le bailleur peut aussi effectuer une résiliation anticipée du bail contre des indemnités d'éviction à la même date butoire triennale. Ce qui est impossible avec le bail professionnel.

Il est interdit de sous-louer en bail commercial (sauf si autorisation du bailleur, à stipuler dans le contrat).

Dans le cas d'un bail commercial, le locataire dispose d'un droit au renouvellement du contrat de location qui est d'ordre public. Aucune clause du bail commercial ne peut avoir pour effet de priver le locataire de son droit au renouvellement. Ce qui n'est pas le cas pour le bail professionnel. C'est donc ici un avantage pour le bail commercial.

6.4 Etat des lieux et dépôt de garantie pour tous les baux:

Le loyer peut être revu chaque année selon l'indexation en vigueur si la clause fait partie du bail. Dans ce cas, il faut la référence de l'indice choisi pour cette modification annuelle.

Le contrat peut prévoir un dépôt de garantie (souvent deux fois le prix du loyer initial, hors charges). Cette somme sera restituée au locataire à son départ, si les locaux sont dans le même état qu'à son arrivée. C'est pour cette raison, qu'il est important d'effectuer un état des lieux précis, prendre des photos si besoin pour les annexer au bail.

7-Outils pour démarcher:

Une fois que vous avez trouvé le local parfait pour votre activité, c'est le moment de vous installer et d'aménager votre bureau. Mais surtout de commencer à informer la commune de votre arrivée.

Pour cela, commandez une plaque professionnelle ou un panneau d'affichage à fixer sur la façade de votre local.

Ensuite, faites imprimer des cartes de visite et allez vous présenter aux professions attenantes qui pourraient suggérer vos services.

> Prenons l'exemple d'un kinésithérapeute, il serait judicieux qu'il se présente aux pharmacies, aux médecins et aux infirmières libérales pour lancer son réseau.

Abonnez vous à une ligne téléphonique responsable uniquement de votre activité professionnelle. Pour cela, ouvrez une ligne fixe que vous pourrez ensuite transférer sur votre téléphone portable quand vous ne serez pas à votre local.

Ou bien adoptez un nouvel abonnement téléphonique avec un second téléphone portable, attaché uniquement à votre activité (il existe également des téléphones ou l'on peut insérer 2 cartes sim, désactiver l'une et l'autre à votre convenance).

Commencez à vous référencer sur internet, une page google my business est aujourd'hui indispensable pour informer sur vos heures d'ouverture, votre adresse, votre téléphone et sur

S'implanter durablement!

votre descriptif d'activité. De plus, certains clients ou patients pourront laisser des avis sur leur expérience avec vous.

Je ne suis pas une grande fan des avis et des notes, notamment dans le secteur médical. Mais soyons réalistes, ces derniers reflètent une idée de la réalité sur le professionnel en question.

D'autres sites en cohérence avec votre activité peuvent aussi vous permettre de vous référencer.

Si vous en ressentez le besoin, créez un site internet pour vous présenter et expliquer en détail ce que vous proposez au sein de votre activité. N'oubliez pas de mettre en avant vos méthodes de contact (téléphone, mail, agenda en ligne, réseaux sociaux…).

Certains libéraux s'inscrivent aussi sur des annuaires en ligne, gratuits ou payants. Est-il nécessaire de vous présenter Doctolib, devenu l'incontournable du marché médical? Les pages jaunes sont également une source fiable du référencement pour les professionnels.

Puis, contactez votre mairie afin d'apparaître dans le magazine local annonçant votre arrivée et les services que vous proposez.

Pour finir, une question épineuse se confronte de plus en plus à nos activités, celle des réseaux sociaux.

Aujourd'hui, ils prennent une part incontournable dans la communication des entreprises. C'est difficile de passer à côté même en sortant du contexte libéral.

Libérale 2.0

Très présents dans nos vies, certaines sociétés de communication vont même jusqu'à dire que les réseaux sociaux deviennent peu à peu les nouveaux CV des usagers.

Je n'ai pas d'avis tranché sur ce sujet, je ne suis ni pour ni contre. J'ai comme tout le monde la sensation qu'il prennent un peu trop de place dans notre quotidien. Mais qu'ils sont tout de même bien pratiques pour d'autres aspects.

Si votre activité nécessite une page Facebook, un compte Instagram ou que vous devez absolument apparaître sur Linkedin, faites le. Mais ne mélangez pas votre vie privée et professionnelle. La solution est de posséder un compte personnel pour votre utilisation quotidienne et un compte professionnel pour mettre en avant du contenu lié à votre activité.

Et pour ceux qui sont contre ou qui ont une activité non adaptée avec ce genre de supports. Sachez que c'est surtout le bouche à oreille qui sera le plus efficace. Alors quand on débute et que quelqu'un est satisfait de vos services, glissez lui quelques cartes de visite pour faire rayonner votre présence et demandez à laisser un avis sur Google. Voilà, une stratégie qui paye à coup sûr!

Exercer en Entreprise individuelle

Aujourd'hui en France, 77% des libéraux travaillent seuls en totale indépendance. Ils se regroupent parfois dans des lieux communs comme dans un pôle juridique mais chaque professionnel gère son exercice individuellement.

Si c'est votre cas, vous êtes au bon endroit. Nous allons aborder dans ce chapitre, tous les choix nécessaires à votre création d'activité.

Dans un premier temps, nous observerons les choix juridiques puis fiscaux, enfin je vous proposerai un accompagnement par étapes pour votre immatriculation.

Si au contraire, vous exercez en commun avec d'autres professionnels, il existe 2 cas distincts :

- En SCM et en SCP, vous devez également faire les démarches en entreprise individuelle. Et avec vos associés, vous effectuez d'autres formalités pour votre exercice commun. Donc vous êtes aussi bien concernés par ce qui suit dans ce chapitre que par le suivant.

- En Société, que ce soit en SEL (SELARL, SELAFA, SELAS, SELCA) ou en SPE, au contraire vous n'avez pas besoin d'effectuer les démarches suivantes, passez directement au chapitre "Exercer en commun".

Libérale 2.0

1-Choix juridique:

Lorsque vous allez remplir votre déclaration de début d'activité (site de l'INPI), le premier item à renseigner sera celui du statut juridique.

Aujourd'hui, il en existe un seul possible pour le libéral individuel:

- L'entreprise individuelle (EI)

C'est le statut utilisé en France pour les libéraux indépendants mais également pour ceux qui s'associent en collaboration (SCM et SCP).

En Entreprise individuelle (EI), vos biens personnels sont protégés depuis la loi de 2022, ce qui n'était pas le cas auparavant. Si votre patrimoine professionnel ne suffit pas à régler vos dettes professionnelles, vos biens personnels ne pourront donc pas être saisis pour liquider ces dernières.

Attention, pour les entreprises individuelles créées avant la réforme, la dissociation des patrimoines ne s'applique que pour les créances nées depuis la date d'entrée en vigueur de la loi.

2-Choix fiscal:

A présent, vous avez déterminé votre statut juridique, vous allez être confronté à présent à un choix important. Celui de votre statut fiscal.

Exercer en entreprise individuelle

En effet, il y a encore quelques démarches pour finaliser l'immatriculation de votre activité. Rien d'insurmontable, voyons ensemble quels choix s'offrent à vous.

Dans le cas d'une profession libérale, les revenus déclarés sont dénommés en B.N.C (Bénéfices Non Commerciaux). C'est donc cette option qu'il faudra retenir.

Les revenus seront imposés dans la majorité des cas sur le barème de l'impôt sur le revenu (IR).

Mais depuis la réforme de 2022, il est possible de choisir le barème de l'impôt sur les sociétés (IS) en passant de EI à EURL (choix irrévocable). Ce choix est peu favorable au moment de la création de votre entreprise. Cependant, il peut être judicieux si vous êtes fortement imposé et que vous sortez un bénéfice supérieur à vos besoins quotidiens.

Pour les entrepreneurs individuels imposés sur le revenu (IR), il demeure 2 sous catégories à ce choix fiscal:

- le régime micro-BNC / micro-entrepreneur
- le régime au réel de la déclaration contrôlée

3-Le régime Micro-BNC (micro-entrepreneur):

C'est le régime le plus simple en termes de démarches et de déclarations, une fois l'immatriculation établie.

En effet, grâce à ce statut vous aurez des formalités facilitées d'un point de vue comptable, fiscal et social. Sachez tout de

Libérale 2.0

même que certains ordres professionnels refusent l'accès à ce statut pour quelques professions.

Le premier avantage est qu'il n'est pas nécessaire de tenir une comptabilité stricte en micro-BNC. En effet, vous devez uniquement tenir un livre enregistrant les recettes encaissées quotidiennement. C'est ce registre qui vous permettra d'établir votre chiffre d'affaires mensuel et annuel.

Les cotisations sociales obligatoires sont toutes prélevées par le même organisme (Urssaf). Pour cela, l'Urssaf a mis en place un site internet dédié aux micro-entreprises, vous permettant de déclarer mensuellement ou trimestriellement vos recettes (autoentrepreneur.urssaf.fr).

En 2023, le taux prélevé sur ces recettes est de 22,2% pour un micro-entrepreneur en BNC.

Exemple:

Si un micro-entrepreneur déclare 1000€ de recettes sur un mois. Il doit justifier cette somme à l'Urssaf.

Ce dernier effectuera un prélèvement de 220€, correspondant au taux de cotisation obligatoire de 22,2%.

Si le micro-entrepreneur ne réalise aucune recette, il ne sera pas prélevé. C'est donc un avantage important pour ce régime. Car si vous réalisez des mois sans recettes, vous ne paierez aucune cotisation sociale.

Les cotisations sociales obligatoires englobant les 22,2% permettent de régler:

- Assurance maladie-maternité
- Indemnités journalières
- Invalidité-décès
- Allocations familiales
- Assurance vieillesse du régime de base
- Assurance vieillesse du régime complémentaire
- Contribution sociale généralisée (CSG)
- Contribution au Remboursement de la Dette Sociale (CRDS)

A noter que si le micro-entrepreneur bénéficie de l'ACRE (Aide à la Création et à la Reprise d'Entreprise), ce taux de 22,2% sera revu à la baisse lors des 12 premiers mois d'activité.

Pour cela, il faut remplir **un formulaire supplémentaire** lors de votre immatriculation (sur le site de l'Urssaf) ou 45 jours au plus tard après son dépôt.

Je vous conseille en cas de création d'activité (et si vous faites partie des cas qui peuvent en profiter) d'effectuer cette formalité. Cela vous permettra de payer un peu moins de cotisations au départ. Ce qui n'est pas négligeable comme avantage. De plus, votre taux de prélèvement évoluera avec votre chiffre d'affaires. C'est donc une bonne mesure d'accompagnement pour les entrepreneurs qui débutent.

Enfin, il faut tout de même noter que ce statut de micro-entrepreneur n'est possible que si votre activité ne dépasse pas le seuil annuel de 72 600€ de recettes (en 2023).

Si vous l'excédez deux années consécutives, vous serez automatiquement transféré dans le régime réel de la déclaration contrôlée.

En cas de création d'une activité en cours d'année, la limite d'application du régime doit être ajustée au prorata temporis de l'activité.

Exemple:

Si un libéral commence son activité le 1er juillet, il devra effectuer moins de 36 300€ jusqu'au 31 décembre de la même année pour conserver son statut de micro-entrepreneur.

Concernant l'imposition sur le régime micro-BNC, si votre chiffre d'affaires ne dépasse pas 72 600€ annuel, il subira alors un abattement forfaitaire de 34%.

Cette déduction correspond aux charges potentielles que vous avez engagées pour votre activité, c'est une moyenne qui a été évaluée dans ce régime.

Exemple:

Envisageons un micro-entrepreneur qui déclare un chiffre d'affaires de 30 000€ annuel.

> Sur cette somme, l'administration fiscale va déduire 34% pour obtenir son bénéfice net :
>
> 34% de 30 000€ = 10 200€
> 30 000 - 10 200 = 19 800€
>
> Il sera donc imposé sur 19 800€ cette année-là.

Dans ce régime, il n'est pas nécessaire de remplir une déclaration de vos bénéfices professionnels. Il suffit juste de reporter votre chiffre d'affaires dans votre déclaration d'impôts annuelle. Et l'administration fiscale réalise un abattement automatique de 34%. Vous serez donc imposé sur les 66% restants.

Maintenant que vous avez compris à quoi vous engage ce régime. Il est temps de calculer si ce statut est avantageux pour votre cas personnel.

Pour cela, évaluez si votre activité engage plus ou moins 34% de charges.

En effet, si vos charges atteignent 40% ou plus, ce statut vous est vraiment défavorable. Comme vous payez plus de charges que l'abattement forfaitaire de 34%, cela ne permettra pas d'atteindre un équilibre économique pour votre activité. Dans ce cas, basculez directement dans le régime de la déclaration contrôlée.

Si au contraire vos charges correspondent au taux de 34% ou sont en deçà. Surtout restez dans ce choix fiscal, vous ne trouverez pas plus simple et avantageux comme régime.

Lorsque vous choisissez l'option micro-BNC, lors de votre immatriculation, vous pouvez aussi vous engager au versement libératoire sur l'impôt.

Cela vous permettra au moment où vous êtes prélevés sur vos cotisations sociales de l'être également pour l'impôt à hauteur de 2,2% supplémentaire.

Si vous ne prenez pas cette option, vous pourrez toujours demander à l'administration fiscale d'être prélevé à la source sur votre compte bancaire mensuellement.

Enfin, sachez qu'en relevant du statut de la micro-entreprise, on ne facture pas la TVA puisque l'entrepreneur bénéficie du dispositif de franchise en base de TVA. En conséquence, on ne collecte pas et on ne déduit pas de TVA en tant que micro-entrepreneur. De plus, vous devrez émettre des factures comportant la mention " TVA non applicable, article 293 B du CGI ".

4-Régime de la déclaration contrôlée:

C'est un régime qui génère plus de tâches comptables et administratives que le précédent mais il est obligatoire pour les libéraux effectuant un chiffre d'affaires supérieur à 72 600€ annuel.

Exercer en entreprise individuelle

C'est aussi un statut conseillé aux libéraux qui ont des charges élevées, supérieures au taux de 34% de l'abattement forfaitaire en micro-BNC.

Concernant la comptabilité, elle est obligatoire et réglementée (Cf chapitre "Tenir sa comptabilité").

Pour cela, vous pouvez réaliser votre comptabilité sur papier, il existe des livres journaux "recettes-dépenses" permettant cette tenue de comptes.

Certains logiciels ont aussi prouvé leur efficacité. Ils sont nombreux à être complets et tout en un, en fonction de votre activité. Ils permettent par exemple, la prise de rendez-vous, la facturation et la comptabilité.

Vous pouvez également faire appel à un comptable, malgré tout il faudra lui transmettre toutes les pièces nécessaires pour le montage de votre dossier (relevés comptables, factures, contrats …).

Enfin, il existe aujourd'hui des robots-comptables qui permettent de se synchroniser à votre compte bancaire professionnel et de reprendre chaque écriture et de les classer par catégorie pour pré-remplir votre déclaration professionnelle (2035) en fin d'année.

Personnellement, j'ai utilisé un logiciel de comptabilité en début d'activité (BNC express) que j'ai abandonné depuis l'arrivée des robots comptables.

Aujourd'hui j'utilise Indy (anciennement Georges) et honnêtement c'est beaucoup plus rapide et plus simple depuis. Je fais ma déclaration en fin d'année à la vitesse de l'éclair. C'est un vrai gain de temps et un poids en moins annuellement.

Peu importe le choix, vous allez également pouvoir vous inscrire à une association de gestion agréée (AGA). Cette inscription n'est pas obligatoire mais vivement conseillée, car avant 2020 si vous ne le faisiez pas, vous étiez majorée de 25% sur la base de votre bénéfice avant imposition. Mais cette mesure a disparu, puisqu'en 2021 ce n'était plus que 15% de majoration, en 2022 nous sommes passés à 10% et 0% en 2023. Donc depuis 2023 il n'y a plus de sanction financière si vous ne faites plus appel à une AGA.

Depuis, cette réforme la majorité des libéraux ont lâché leur AGA, car ce n'est plus obligatoire et surtout il n'y a plus de sanction financière.

Malgré tout, vous pouvez passer les frais d'adhésion à l'AGA ainsi que les frais de gestion de votre comptabilité en réduction d'impôts. Cette dernière est égale à deux tiers du montant hors taxe de vos frais de comptabilité. Elle est plafonnée à 915€ par an et au montant de l'impôt sur le revenu qui vous est dû (à inscrire lors de votre déclaration d'impôts de votre foyer fiscal 2042 - case 7FF).

Voici donc la première et certainement la plus grosse différence avec le régime micro-BNC. La tenue de la comptabilité et vos engagements sont bien plus contraignants mais ils permettent de calculer au mieux vos charges réelles.

Ensuite, nous allons parler des prélèvements sociaux. Une fois que vous serez immatriculé dans ce régime de la déclaration contrôlée, vous recevrez des courriers de tous les organismes qui vont se rattacher à votre activité.

Exercer en entreprise individuelle

L'urssaf permettra le paiement des cotisations liées à la sécurité sociale (maladie, indemnité journalière, congé mat...) et aux taxes (CSG, CRDS).

Contrairement à un micro-entrepreneur, lorsqu'un libéral n'effectue pas de chiffre d'affaires pendant quelques mois, il continue de payer ses cotisations. C'est d'ailleurs souvent le premier courrier qu'on reçoit après l'immatriculation. Une jolie lettre de l'Urssaf, nous demandant des cotisations provisoires pour l'année en cours. Ne soyez donc pas surpris.

Pour l'anecdote, lors de mon passage de micro-BNC à la déclaration contrôlée, j'ai reçu ce fameux courrier de l'Urssaf me demandant plus de 5 000€ de cotisations assez rapidement.

Néanmoins après les avoir contactés, j'avais pu mensualiser cette somme sans problème.

L'urssaf ne prélève pas un taux unique comme en micro-BNC, ce dernier est dépendant de votre rémunération. C'est à cet organisme d'effectuer ce calcul chaque année.

En plus du prélèvement Urssaf, vous avez aussi celui de votre caisse de retraite. Il existe une bonne dizaine de caisses qui représentent distinctement les professions libérales.

Les cotisations retraites sont découpées en 2 catégories, la retraite de base et la retraite complémentaire. Ces deux sources de prélèvement s'additionnent pour établir un taux qui est propre à votre activité et à votre rémunération.

En déclaration contrôlée, vous pouvez comme en micro-BNC bénéficiez de l'ACRE (Aide à la Création et à la Reprise

Libérale 2.0

d'Entreprise) en début d'activité. N'hésitez pas à le faire pour profiter d'un taux de cotisation bien plus avantageux au départ. Pour cela, il suffit à l'immatriculation de remplir <u>un formulaire supplémentaire.</u>

A propos de l'imposition en déclaration contrôlée, vous devez à chaque fin d'année comptable remplir une déclaration des revenus professionnels, la 2035. C'est le formulaire à remplir grâce à votre résultat de comptabilité annuelle.

Il faut ensuite reporter ce bénéfice de votre 2035 sur votre déclaration d'impôts classique (2042). Ce montant doit se situer dans la case BNC-déclaration contrôlée et vous serez ainsi imposé sur cette somme.

Concernant le choix sur la TVA, si vous commencez votre activité vous pouvez choisir comme en micro-BNC, la franchise en base. Cela vous permettra de ne pas être redevable de cette taxe.

Si ensuite, votre activité dépasse les seuils concernés, vous passerez automatiquement en réel simplifié puis en réel normal. Il faudra donc ensuite déposer <u>une déclaration annuelle (imprimé CA 12)</u> de la TVA et verser des acomptes semestriels.

Exception faites de certaines professions qui seront exonérées de TVA tout au long de leur vies professionnelles:

- Prestations de soins des professions de santé: médicaux et paramédicaux réglementés (ainsi que les ostéopathes, chiropracteurs, psychologues, psychanalystes, psychothérapeutes, prothésistes dentaire, biologistes médicaux)

Exercer en entreprise individuelle

- Prestations de la formation professionnelle continue: Formateurs
- Prestations d'enseignement: Enseignement scolaire, universitaire, professionnel, artistique et sportif
- Prestations des agents généraux d'assurances: assureurs, mandataires, courtiers
- Autres exonérations: Mandataires judiciaires à la protection des majeurs

En résumé, le régime de la déclaration contrôlée est donc obligatoire si vos revenus dépassent 72 600€ en 2023.

Il est également fortement recommandé si vos charges excèdent 34% afin de déduire réellement ce qui vous est imputé.

5-LA SELARL en solo:

Depuis le début de ce chapitre, je vous informe sur les différents choix juridiques et fiscaux pour un libéral en entreprise individuelle.

Il existe également un cas supplémentaire, celui de la SELARL unipersonnelle, qui est à mon sens bien plus complexe que le reste, mais qui vaut le coup d'être abordé pour ses avantages fiscaux.

En effet, cette société intitulée SELARL peut également être une manière de procéder en tant que libéral individuel. Mais pour cela, il faut pratiquer une profession réglementée exclusivement et il faut que votre ordre accepte votre demande pour passer dans ce régime.

Libérale 2.0

On peut créer une SELARL grâce à son expert-comptable, son notaire ou son avocat.

En termes de comptabilité, on passe d'une comptabilité de trésorerie à une comptabilité d'engagement. Il faudra donc s'ajuster avec votre comptable.

Pour l'instant, cela fait beaucoup de contraintes mais pour quels avantages?

L'avantage principal est la différence d'imposition.

En effet, en EI et notamment en déclaration contrôlée, chaque libéral est imposé sur son bénéfice, soit sur la soustraction entre son chiffre d'affaires et ses dépenses.

En SELARL, le gérant de la société choisit de se verser chaque mois un salaire fixe correspondant à ses besoins pour lui et son foyer. Il sera donc uniquement imposé sur ce salaire (diminué de 10% par un barème forfaitaire) et non sur son bénéfice. Il laissera l'excédent sur le compte de sa société.

Seuls les salaires effectivement versés sont soumis aux cotisations en SELARL, alors que c'est l'intégralité du bénéfice en BNC. L'impact financier est donc considérable.

La SELARL, pour qui?

Ce type de société s'adresse uniquement aux professions libérales réglementées. De plus, elle est intéressante pour ceux et celles qui sortent un bénéfice plus conséquent que leurs besoins quotidiens. Cela leur permet d'être imposés uniquement sur la part du salaire versé. Le trop-plein reste sur le compte de la société.

Mais comment donc utiliser l'excédent de la SELARL?

Si vous êtes dans ce cas précis, sachez qu'il est possible d'ouvrir une société mère détentrice de votre SELARL qu'on

Exercer en entreprise individuelle

appelle holding. Vous pouvez alors transférer des fonds de votre SELARL à votre holding avec une très faible taxation et vous permettre de réinjecter cet argent dans un nouveau projet (nouvelle entreprise, immobilier via SCI, ...). Bref, je vous en dis un peu plus dans le chapitre "L'immobilier pour le libéral".

Ce choix juridique et fiscal est donc très spécifique à certains libéraux mais il me semble très judicieux quand on rentre dans le schéma: profession réglementée et revenus importants.

Exemple:

Voici le comparatif d'imposition pour un médecin qui se verse 70 000€ de revenus annuels en BNC et en SELARL.

Le second cas lui permet de payer 2000€ en moins d'impôt annuellement.

	BNC	SELARL
Revenu imposable	70 000€ / 36000€	63 000 (abattement de 10%) / 32400
Impôt sur le revenu	5 872€ / 3019€	3 772€ / 1940€

6-S'immatriculer, à vous de jouer!

Depuis janvier 2023, il n'existe plus qu'une méthode pour pouvoir commencer son activité et s'immatriculer.

Vous devez remplir en ligne le formulaire sur le site https://formalites.entreprises.gouv.fr/.

Vous aurez besoin d'un justificatif d'identité électronique.

Voyons ensemble les différentes étapes pour cette immatriculation en ligne.

Exercer en entreprise individuelle

- Dans ce 1er encart, sélectionnez l'item entreprise individuelle.

- Si vous souhaitez vous installer avec le statut de micro entrepreneur cochez oui, si vous préférez la déclaration contrôlée, cochez non.

- S'il s'agit d'une installation en France, cochez non.

- Si vous avez déjà exercé une activité non salariée, cochez oui et renseignez le N° de Siret, sinon cochez non.

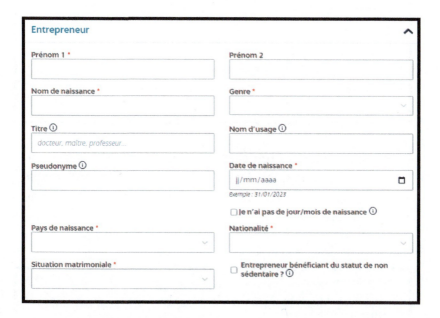

- Dans cette étape, il vous suffit de remplir toutes vos informations personnelles.

Libérale 2.0

- Ici, vous remplissez vos informations de correspondance (courrier, mail, téléphone). Puis, remplissez vos informations qui vous relie à la sécurité sociale.

Exercer en entreprise individuelle

- Ici, vous choisissez la domiciliation de votre entreprise. Si vous n'avez pas de local, il s'agit de votre domicile. Si vous en possédez un, cochez oui pour associer son adresse à votre adresse d'établissement.
-

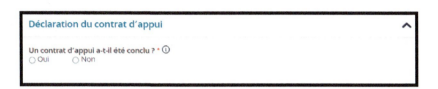

- Ici, cochez oui ou non si vous avez fait la demande pour le dispositif d'aide CAPE (voir sous-chapitre suivant).

- Ici, cochez non pour que votre domicile reste insaisissable en cas de dettes ou de liquidation judiciaire.

Libérale 2.0

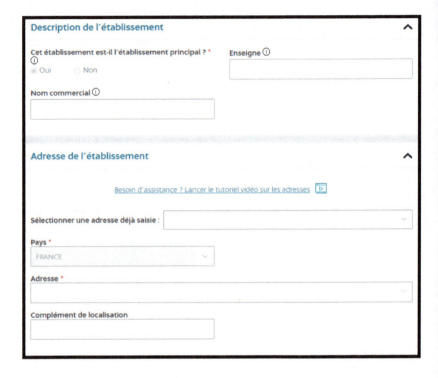

- Ici, renseignez si cet établissement est le principal et le nom de votre enseigne si vous en avez une ainsi que l'adresse.

- Renseignez à présent si vous avez des salariés à charge.

Exercer en entreprise individuelle

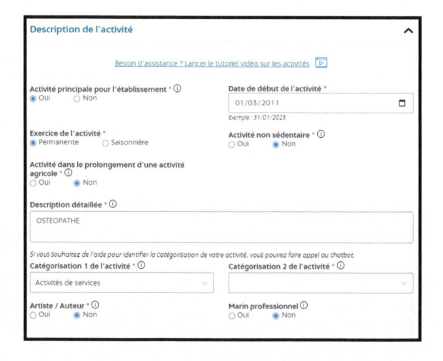

- Ici, on catégorise votre activité, principale ou non, permanente ou secondaire et sa date de début.

- Attention vous avez 8 jours pour faire cette formalité après le lancement de votre entreprise.

- Puis trouvez la catégorie professionnelle qui vous correspond dans les menus déroulants.

Libérale 2.0

- Si vous possédez un site internet relié à votre activité, n'hésitez pas à le renseigner.

- C'est le moment de choisir son option fiscale:

    o   micro BNC
    o   déclaration contrôlée
    o   option pour l'impôt sur les sociétés

En libéral, sauf exception, on parle de franchise en base pour la TVA.

Exercer en entreprise individuelle

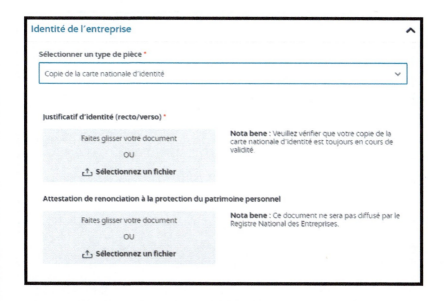

- Puis déposez votre justificatif d'identité numérique.

- Renseignez votre adresse de correspondance.

Libérale 2.0

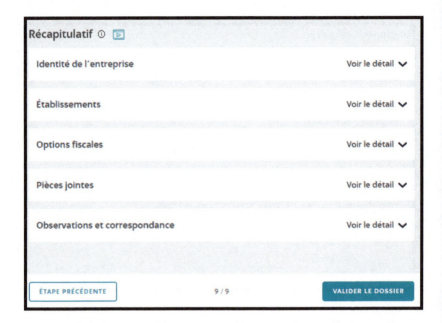

- Puis vous aurez accès au récapitulatif pour tout vérifier afin de valider votre dossier.

Félicitations, vous venez de finaliser votre déclaration de début d'activité. L'étape de l'immatriculation est enclenchée. Mais avant de se précipiter sur les autres démarches à engager pour votre installation. Voyons ensemble, les différentes aides auxquelles vous pouvez peut-être prétendre, en cas de création d'entreprise.

7-Les aides :

Il existe de nombreuses aides disponibles, que ce soit pour une création d'entreprise, lors d'un financement ou même en fonction de votre zone d'implantation.

Exercer en entreprise individuelle

Le site les-aides.fr permet de lister les offres en cours, en fonction de votre secteur d'activité et de votre profession.

Le site BPI France est également une excellente référence pour les aides en cours. Donc faites y un tour au moment où vous songez à votre installation.

Dans ce paragraphe, nous allons répertorier les aides qui sont présentes depuis maintenant quelques années.

7.1 Les aides à la création d'entreprise:

- **L'ACRE:**

    De nombreux profils peuvent en bénéficier dont les libéraux, qui créent ou reprennent une activité en micro-entrepreneur ou en déclaration contrôlée.

    Pour en bénéficier, il faut faire partie de certaines catégories énoncés sur le site du service public (être âgé de 18 à 25 ans, toucher l'allocation chômage ou le RSA...)

    Cette aide consiste en une exonération de certaines cotisations sociales obligatoires pendant 12 mois (allocations familiales, assurance maladie-maternité, retraite de base et l'invalidité-décès). Tandis que la CSG-CRDS, les cotisations retraite complémentaire et la CFP restent dues dans leur intégralité.

    L'exonération dépend des bénéfices réalisés par le professionnel au cours de sa première année d'exercice:

Libérale 2.0

- o En dessous de 29 799€, l'exonération est totale.
- o Entre 29 800€ et 39 999€, l'exonération est dégressive suivant le bénéfice.
- o Au-delà de 40 000€, aucune exonération n'est prévue.

Pour bénéficier de cette aide, il faut remplir un formulaire en ligne (site de l'Urssaf) dans les 45 jours après le début de votre activité.

- **L'ARCE:**

A ne pas confondre avec l'aide précédente, celle-ci accompagne spécifiquement les demandeurs d'emploi indemnisés qui créent ou reprennent une entreprise. Elle est proposée directement par Pôle-Emploi.

Ils peuvent bénéficier d'un versement de 45% des cotisations chômage restant dues. La moitié de ce montant est versé à la création d'entreprise, l'autre moitié six mois plus tard.

Pour pouvoir en profiter, il faut avoir demandé et validé l'ACRE au préalable.

En plus de cette aide, Pôle-emploi peut aussi continuer à verser les allocations chômage pendant les premiers mois de l'activité du demandeur d'emploi.

L'ancien demandeur d'emploi va donc cumuler son revenu libéral et une partie de son allocation chômage.

Exercer en entreprise individuelle

Évidemment, l'ensemble des deux revenus ne peut excéder l'indemnité chômage du bénéficiaire. Donc les allocations viendront uniquement combler la différence.

- Aide des régions:

Sur le site <u>BPI France</u>, vous avez accès aux dispositifs d'aide en place dans chaque région. Cela vous permettra de trouver une aide supplémentaire, notamment pour votre stratégie d'installation.

<u>7.2 Les aides au financement:</u>

- La garantie Egalité Femme:

Elle est dédiée uniquement aux femmes demandeuses d'emploi qui souhaitent créer ou reprendre une entreprise.

L'aide permet à ces femmes d'emprunter facilement aux établissement bancaires sous certaines conditions avantageuses:

- Elle couvre jusqu'à 80% du prêt bancaire
- Elle peut atteindre 50 000€ du montant garanti
- Elle permet l'exclusion des cautions personnelles

Le prêt a une durée maximale de 7 ans et peut être de tout montant. Le coût total de la garantie s'élève à 2.5% du montant du prêt.

Libérale 2.0

Pour bénéficier de cette aide, contactez l'association France Active.

- La garantie Création de la BPI France:

Cette garantie aide les libéraux de moins de 3 ans d'activité à se développer.

La garantie création est une garantie des prêts bancaires pour tous les investissements qui touchent à la création de l'entreprise

Le montant du prêt peut aller jusqu'à 200 000 €.

Pour les professions libérales, ces prêts peuvent permettre d'acquérir des locaux et du matériel spécifique à votre activité.

La BPI sert de garant à hauteur de 60% du prêt s'il y a intervention avec la Région et 50% dans les autres cas.

Pour faire votre demande, dirigez vous vers le site de la BPI France.

- L'accompagnement CAPE:

Le Contrat d'Appui au Projet d'Entreprise s'adresse aux créateurs d'entreprises (exceptés les salariés). Le but étant de se faire aider par une entreprise marraine ou par une association déjà existante.

Exercer en entreprise individuelle

L'entreprise ou l'association tutrice va fournir les moyens matériels et les locaux. Elle apportera également les conseils en faisabilité et en montage de projet pour le nouvel arrivant.

Au cours de cette association, le créateur d'entreprise bénéficie de l'expérience de l'entreprise marraine ou de l'association. Et il est couvert par les assurances sociales de ces dernières.

Ce contrat a une durée maximale de 12 mois, renouvelable 2 fois.

7.3 Les aides fiscales et territoriales:

Pour toutes ces aides, référencez vous au site **BPI France** qui se tient régulièrement à jour pour vous donner les informations en temps réel.

- Exonération d'impôts locaux dans les zones de revitalisation des centres villes
- Crédit d'impôt rénovation énergétique
- Exonération de CFE et de taxe foncière dans les QPV
- Exonération d'impôts locaux dans les zones de revitalisation des commerces en milieu rural
- Exonération d'impôt pour la reprise d'une entreprise industrielle en difficulté
- Provision pour prêts d'installation à d'anciens salariés
- Exonérations d'impôts dans les zones AFR

Libérale 2.0

- Exonérations d'impôts dans les BUD
- Allègements fiscaux en Corse
- Crédit d'impôt compétitivité et emploi (CICE)
- Exonérations d'impôts dans les ZRR
- Allègements fiscaux dans les ZRD
- Exonérations d'impôts dans les ZDP
- Exonération d'impôt sur les bénéfices dans les ZFU-territoires entrepreneurs
- Exonération de CFE dans les ZAIPME
- Les principales activités exonérées de contribution économique territoriale
- Réduction d'impôt pour souscription au capital de sociétés non cotées
- Les exonérations de cotisation foncière des entreprises (CFE) pour les micro-entrepreneurs

Exemple, l'aide ZRR:

La zone de revitalisation rurale (ZRR) est un territoire qui bénéficie d'aides pour dynamiser le secteur.

Il permet aux libéraux d'être exonérés d'impôts pendant 5 ans, puis l'impôt est dégressif jusqu'à la 8ème année d'exercice.

Exercer en entreprise individuelle

Pour cela, le libéral doit installer son activité et son siège social dans la ZRR. S'il a recours à des déplacements hors de cette zone pour son activité, il ne doit pas réaliser plus de 25% de son chiffre d'affaires en dehors de cette dernière.

Pour information les régimes micro-BNC sont exclus de ce dispositif et il faut être titulaire de son activité.

Les remplaçants ne peuvent donc pas en bénéficier.

De plus, le libéral doit compter au sein de son entreprise moins de 11 salariés.

Si le libéral quitte la ZRR moins de 5 ans après avoir perçu les exonérations, il devra rembourser l'administration fiscale.

Pour jouir de cette aide, il n'y a pas de démarches particulières à réaliser. A partir du moment où votre activité se situe sur une ZRR, tout est automatisé.

Il faudra juste cochez sur votre déclaration 2035, la case AW "exonération sur le bénéfice entreprise nouvelle".

Pour s'informer sur la carte ZRR en France, rendez vous sur le site observatoire-des-territoires.gouv.fr. Cela vous permettra de savoir si votre lieu d'exercice se situe dans cette zone.

7.4 Les aides spécifiques:

Pour les étudiants en médecine:

- CESP: C'est le Contrat d'Engagement au Service Public, il impose à l'étudiant de travailler pendant 2 ans en ZIP (Zone d'Intervention Prioritaire) ou en ZAC (Zone d'Action Complémentaire), voir carte sur le site DREES.
En contrepartie, l'étudiant recevra une bourse de 1200€/mois pendant ses 2 années, imposable à la fin de ses études.

- CRES: Le Contrat Régional d'Exercice Sanitaire est surtout utilisé en île de France. Il s'adresse aux étudiants en santé de premier secours.
Les étudiants qui en bénéficient recevront une allocation de 1000 € par mois pendant leurs 2 dernières années d'études. Le contrat est prévu pour 3 ans et les étudiants doivent appliquer les tarifs de secteur 1.

Pour les Médecins:

Attention les 3 aides qui suivent ne sont pas cumulables, donc étudiez les correctement afin de savoir laquelle correspond au mieux à votre profil.

- PTMG: Le Praticien Territorial de Médecine Générale consiste en un contrat d'un an renouvelable une fois, vous assurant un revenu mensuel brut de 6 900 €. Un

Exercer en entreprise individuelle

minimum de consultations vous est demandé, mais votre rémunération sera complétée si besoin.
Si vous assurez un minimum de 165 consultations par mois dans une zone ayant une offre de soins insuffisante, vous pourrez bénéficier de ce contrat. Il n'est ouvert qu'aux jeunes médecins récemment diplômés (non installés ou installés depuis un an) pratiquant les tarifs du secteur 1.

- CAIM: Le Contrat d'Aide à l'Installation des Médecins a plusieurs conditions:

    o Pratiquer au moins 2,5 jours en zone sous dotée pendant 5 ans
    o Exercer en groupe en pratiquant les tarifs du secteur 1
    o Participer au dispositif de soins ambulatoire sur ce territoire.
    o Aide de 50 000 € versée en deux fois, 50% à l'installation et le reste après un an pour 4 jours d'exercice par semaine.

- COSCOM: Le Contrat de Stabilisation et de Coordination des Médecins représente une aide annuelle de 5000€ pour un regroupement de médecins dans une zone sous dense.

Elle peut être majorée si vous exercez dans un hôpital de proximité ou si vous encadrez un stagiaire.
Pour en bénéficier, il faut pratiquer en groupe de médecins ou en pluridisciplinaire et exercer en secteur 1 ou 2.

Pour les Chirurgiens-dentistes:

- Le CAICD: Le Contrat d'Aide à l'Installation des Chirurgiens-Dentistes accorde 25 000 à 30 000 € en une fois selon la sévérité du manque de praticiens dans la zone concernée.

Pour les infirmiers:

- Le CII: Le contrat incitatif infirmier permet aux infirmiers exerçant en groupe et en zone très sous dotée de bénéficier d'une prise en charge des cotisations sociales et d'une aide à l'équipement du cabinet de 3 000 € par an pendant trois ans.

Pour les Orthophonistes:

- Le CIO: Le contrat incitatif orthophoniste prend en charge les cotisations sociales pendant 3 ans jusqu'à 3 000 € par an.

Pour les Sages-Femmes:

Elles disposent de trois contrats d'aide à l'installation:

- Le Contrat Incitatif Sage-Femme (CISF) est une aide à l'équipement du cabinet de 4 000 € par an pendant trois ans.

- Le contrat d'aide à la première installation des sages-femmes (CAPISF) est un contrat s'étalant sur 5

Exercer en entreprise individuelle

ans vous permettant de toucher 14 500 € par an les deux premières années, puis 3 000 € par la suite. Il est destiné, comme son nom l'indique aux sages-femmes s'installant pour la première fois.

- Le contrat d'aide à l'installation des sages-femmes (CAISF) est identique à ce dernier, à ceci près que c'est 9 500 € que vous toucherez les deux premières années.

Aide à la télétransmission:

En choisissant un équipement informatique et un logiciel compatible avec votre activité, vous vous donnez la possibilité de bénéficier des aides à la télétransmission:

- 100 € par an au titre de la maintenance
- 300 € au titre de l'aide pérenne à la télétransmission
- Une aide de 90 € par an pour la numérisation et la télétransmission des pièces justificatives (SCOR)

Vous pouvez y prétendre dès lors que vous télétransmettez au moins une feuille de soins électronique (FSE) entre le 1er janvier et le 31 décembre. De plus, l'aide pérenne de 300 € par an ne vous sera versée que si votre taux de SESAM-Vital est supérieur ou égal à 70 %.

Pour bénéficier des aides à la télétransmission, rapprochez-vous de la CPAM de votre lieu d'exercice.

8-Le remplacement et la collaboration:

Que vous soyez du côté du libéral qui cherche une opportunité dans l'enceinte d'un confrère, ou un libéral qui recherche quelqu'un pour sa structure, il faut différencier ces différents statuts.

8.1 Le remplacement:

Si vous voulez faire votre première expérience dans le domaine libéral, il est peut-être plus confortable de commencer avec le statut de remplaçant libéral.

Vous prenez le temps d'en apprendre davantage sur les réalités de l'exercice en libéral tout en poursuivant votre formation.

Vous ferez le point sur les différentes manières de travailler efficacement et durablement. Avec le statut de remplaçant libéral, vous apprendrez de bons réflexes organisationnels qui vous seront d'une grande utilité si vous décidez plus tard de vous installer en tant que titulaire.

Le remplaçant jouit d'une rémunération fondée sur la rétrocession (pourcentage sur le chiffre d'affaires convenu entre les 2 parties).

Avec le statut de remplaçant libéral, vous n'avez pas à investir dans un local professionnel. Le remplacé met le sien à votre disposition. Vous évoluez avec un carnet rempli, car la patientèle/clientèle du remplacé est disponible. Les charges dans ce cas sont légères quand vous les comparez à celles d'un titulaire.

De plus, vous conservez votre indépendance. Vous êtes entièrement mobile. C'est un élément qui vous permet d'explorer plusieurs approches de l'activité, car plusieurs remplacements sont possibles.

8.2 La collaboration:

La collaboration libérale constitue également une très bonne méthode pour vous lancer dans une activité libérale.

C'est tout simplement un contrat dans lequel le titulaire d'une activité libérale met à votre disposition ses locaux, son matériel ou tout simplement une partie de sa patientèle/clientèle.

En contrepartie, en tant que collaborateur, vous devez lui verser une redevance déterminée en pourcentage des différents honoraires que vous encaissez.

En tant que collaborateur libéral, vous conservez votre indépendance et vous êtes responsable de la gestion de votre activité. Vous supportez vos propres charges sociales et vous vous occupez du paiement de votre contribution foncière des entreprises.

Le contrat de collaboration est généralement à durée indéterminée. Il est plus simple à rompre à tout moment. Mais, il peut également être à durée déterminée. Dans ce dernier

Libérale 2.0

cas, il faut savoir que la rupture du contrat ne peut intervenir qu'à son échéance.

Sous peine de nullité, le contrat doit contenir certains éléments que sont :

- Le montant de la redevance que le collaborateur paie au titulaire
- Les modalités de la rémunération
- La durée de la période d'essai
- Les conditions et les modalités de rupture du contrat ainsi que le délai de préavis
- La durée de la période de collaboration
- Les différentes modalités de la suspension du contrat.

A présent, vous avez analysé les différents choix juridiques et fiscaux qui s'offrent à votre activité libérale.

J'ose espérer que ces explications vous permettent désormais d'y voir plus clair. En effet, après ce chapitre vous êtes normalement prêt à vous immatriculer sans aucune aide extérieure.

Et en parlant d'aides, j'espère que vous effectuerez les démarches qui vous correspondent, ce serait dommage de s'en passer.

Avant de parcourir ensemble le calendrier des démarches pour une installation en libéral réussie, je vous propose un nouveau chapitre.

… Exercer en entreprise individuelle

Celui-ci porte sur l'exercice en commun, si vous souhaitez vous associer avec d'autres libéraux. Observons ainsi les avantages et inconvénients de chaque régime.

Libérale 2.0

Exercer en commun

L'exercice en commun concerne les professionnels qui se regroupent pour travailler en association.

Si vous exercez seul en entreprise individuelle (comme vu dans le chapitre précédent) vous pouvez directement passer au chapitre suivant "Le Calendrier d'une installation réussie".

L'exercice en commun peut se faire sous différentes formes juridiques. Dans la majorité des cas, il permet aux praticiens de se regrouper pour mutualiser les charges liées à leur activité: locaux, matériel, équipements, charges salariales…

Notons qu'il faut différencier l'exercice en commun, du remplacement et de l'assistanat qui sont 2 formes complètement à part (cf chapitre précédent).

On retrouve donc 3 grands modèles pour l'exercice commun du libéral :

- La SCM et la SCP: Ces 2 formes permettent aux professionnels de déclarer les charges d'une activité commune dans une société.

    Dans les 2 cas, il est toujours nécessaire d'effectuer une déclaration d'activité en entreprise individuelle (Cerfa P0pl) comme vu dans le chapitre précédent.

Libérale 2.0

- La SEL (déclinée en SELARL, SELAFA, SELAS et SELCA) ainsi que la SPE sont des sociétés à part entière.

  Elles sont possibles uniquement pour certaines professions réglementées.

- Le conjoint collaborateur, salarié ou associé permet au chef d'entreprise de travailler avec son partenaire de vie, grâce à des statuts spécifiques.

  Le conjoint pourra bénéficier d'une rémunération et d'une protection sociale, nous verrons la différence entre ces 3 formes un peu plus loin.

1-La SCM (Société Civile de Moyens):

La SCM est la forme de société la plus utilisée en France par les professions libérales. Elle permet de mutualiser les moyens entre eux.

Elle peut être utilisée par toutes les professions libérales, réglementées ou non.

L'association peut également se faire entre professionnels n'ayant pas forcément la même profession, mais exerçant dans le même milieu. Par exemple, un médecin pourra s'associer avec un dentiste ou une infirmière.

Dans ce modèle, la SCM va regrouper toutes les charges communes des différents professionnels, on peut retrouver:

Exercer en commun

- Le loyer ou le prêt si achat des locaux
- Le salaire des employés
- Les achats de matériel, les consommables
- Les différents contrats (énergies, téléphonie, entretien...)
- Les assurances
- Autres...

Grâce à ce fonctionnement, chaque professionnel va rester indépendant dans son activité puisqu'il percevra toujours le fruit de son travail personnel. Seules les charges seront divisées à plusieurs selon la rédaction des statuts de la SCM.

Donc pour débuter, si le libéral créé ou rejoint une SCM, il devra d'abord s'immatriculer en entreprise individuelle comme vu dans le chapitre précédent. Ensuite il rejoindra la SCM déjà existante ou en créera une, avec ses futurs associés (minimum 2 associés en SCM).

Pour une création de SCM, les associés enverront au CFE (Centre de Formalités des Entreprises):

- Le formulaire d'immatriculation de société civile (Formulaire M0)
- L'avis de constitution de la SCM a publié dans un journal d'annonces légales
- L'attestation de dépôt en capital (pas de minimum requis)
- 2 exemplaires des statuts
- Le justificatif de domicile pour le siège social
- Copie de la pièce d'identité du ou des gérants
- Déclaration sur l'honneur de non condamnation et une attestation de filiation
- Copie des diplômes

Libérale 2.0

Les statuts sont fixés librement en SCM, il est tout de même recommandé de faire appel à un professionnel pour leur rédaction (expert-comptable, notaire, avocat...). Car ils doivent informer:

- Sur la répartition des dépenses entre professionnels
- Sur les conditions d'admissibilité de nouveaux membres
- Des modalités de cessation et de transmission des parts
- Des sanctions en fonction du non respect des règles

Puis une fois créée, la SCM devra choisir un ou plusieurs gérants. Pour cela, il faudra effectuer des assemblées générales avec traces écrites, comme pour toutes décisions qui impacteront la SCM.

Le fonctionnement d'une SCM est simple, elle possède un compte bancaire attitré. Chaque associé doit verser sur ce compte un apport correspondant à sa quote part. Puis c'est la société qui règle toutes les charges au cours de l'exercice.

A la fin de l'année, si il existe un excédent sur le compte, il peut être redistribué aux différents associés.

La SCM n'enregistre donc aucun bénéfice puisqu'elle ne sert qu'à payer les charges communes. De ce fait, il n'y a pas d'imposition sur cette société. Néanmoins, il existe une déclaration annuelle à effectuer, la 2036.

Cette dernière permet de redistribuer aux différents associés la quote part de déficit imputable à leur exercice personnel.

Exercer en commun

Le professionnel sera imposé individuellement, lorsqu'il remplira sa 2035. D'abord il renseignera son chiffre d'affaires lié à son exercice personnel. Puis au lieu d'avoir à rentrer toutes ses dépenses (comme en entreprise individuelle), il remplira uniquement le montant annuel du déficit donné par la SCM.

Grâce à ces 2 données, il obtiendra alors son bénéfice sur lequel il sera imposé sur le revenu.

Chaque année, il devra donc envoyer à son AGA ou aux impôts directement la 2035 (exercice personnel) et la 2036 (exercice de la SCM). Par la suite, il renseignera sa déclaration de revenus de son foyer, la 2042.

2-La SCP (Société Civile Professionnelle):

Pour créer une SCP, il faut à minima 2 associés qui exercent la même profession.

Il est donc impossible, contrairement à une SCM, de créer une SCP pluridisciplinaire.

Chaque profession à des règles établies pour le fonctionnement de sa SCP.

Il faut se rapprocher de son ordre professionnel pour connaître les différentes conditions.

La SCP est uniquement possible pour les professions réglementées suivantes :

Libérale 2.0

- Les administrateurs judiciaires et mandataires liquidateurs
- Les directeurs de laboratoire d'analyse de biologie médicale
- Les architectes
- Les avocats
- Les commissaires-priseurs judiciaires
- Les conseils en propriété industrielle
- Les chirurgiens-dentistes
- Les commissaires aux comptes
- Les greffiers des tribunaux de commerce
- Les experts agricoles et fonciers
- Les experts forestiers
- Les géomètres-experts
- Les notaires
- Les huissiers de justice
- Les infirmiers
- Les masseurs kinésithérapeutes
- Les médecins
- Les vétérinaires

Aucun capital social minimal n'est exigé. Ainsi les conditions de libération du capital social sont propres à chaque métier. Il peut être intégralement ou partiellement versé à l'étape de la constitution de la SCP. Il peut également être constitué d'apports en numéraire (espèces ou chèques) ou en nature (apport de matériel, clientèle, droit au bail).
Ces derniers doivent être libérés entièrement lors de la constitution de la structure.

Les associés sont responsables indéfiniment des dettes sociales à l'égard des tiers.

Exercer en commun

Chaque associé répond également sur l'ensemble de son patrimoine personnel des actes professionnels qu'il accomplit, la SCP étant solidairement responsable avec lui des conséquences dommageables de ses actes.

Comme en SCM, il faut statuer sur un ou plusieurs gérants lors d'une assemblée générale de la SCP. A défaut, tous les associés sont co-gérants. Leur pouvoir est limité au service de gestion de la SCP.

Les décisions collectives sont prises en assemblée :

- Pour les décisions ordinaires, à la majorité des voix des associés présents ou représentés
- Pour les décisions extraordinaires, à la majorité des ¾ de l'ensemble des associés

Concernant l'imposition, la SCP n'est pas impactée. Ce sont les associés qui déclarent à l'impôt sur le revenu, les bénéfices en BNC (bénéfices non commerciaux). La SCP transmet chaque année sa déclaration de résultats 2035 et ses annexes tandis que chaque associé reporte ensuite sur sa propre déclaration 2042 C PRO le montant de la part de bénéfice qui lui revient.

Il existe une option pour que la SCP soit redevable de l'impôt sur les sociétés. Mais cette décision est irrévocable.

Pour créer une SCP, les formalités sont similaires à la SCM, <u>le formulaire (M0)</u> est toujours celui qu'il faut remplir. Seules les cases à cochées sont différentes.

3-Choisir entre SCM et SCP?

La principale différence entre ces 2 types de sociétés est le partage unique des charges pour la SCM et celui des charges, des honoraires et de la patientèle/clientèle pour la SCP.

La SCM permet donc à chaque associé de rester maître de ses revenus et de partager uniquement les charges avec les autres associés.

Ce partage se fait soit à part égal, soit en quote part s'ils n'ont pas tous le même temps de présence, par exemple.

La SCP quant à elle met en commun les moyens, les honoraires et la patientèle/clientèle.

C'est donc un modèle de société encore plus collectif, vous avez intérêt à être en parfait accord et sur le même fonctionnement avec les associés de votre SCP.

La seconde différence importante, c'est la responsabilité financière bien plus contraignante en SCP.

En tant qu'associé vous êtes responsable de manière solidaire et indéfinie. On peut donc vous demander de piocher dans votre patrimoine personnel en cas de dettes, ce qui n'est pas le cas en SCM.

Enfin, le dernier point essentiel est que la SCP est possible uniquement pour certaines professions.
De plus, il n'est possible de faire une association qu'entre personnes de la même profession.

Exercer en commun

Alors qu'en SCM, tous les libéraux peuvent prétendre à ce montage et ils peuvent s'associer entre professionnels du même secteur d'activité.

	SCM	SCP
Objectif	Partager les charges à plusieurs	Partager les charges, les honoraires et la patientèle/clientèle
Associés	minimum 2	minimum 2
Professionnels	Tous les libéraux avec association en pluridisciplinaire du même secteur ou en monodisciplinaire	Uniquement les professions réglementées association uniquement en monodisciplinaire
Responsabilité financière	Responsabilité indéfinie et conjointe (dette en proportion de sa quote part dans le capital social)	Responsabilité solidaire et indéfinie: chaque associé peut subir la totalité de la créance due y compris sur son patrimoine personnel
Imposition	Chaque associé est imposé individuellement en BNC	Chaque associé est imposé individuellement en BNC
Apports	Apports en nature et financiers	Apports en nature, financiers et industriels.

Fig 5.1 : Tableau comparatif SCM VS SCP - Source: BPIFrance

4-La SEL (Société d'Exercice Libéral) :

La société d'exercice libéral a été créée pour que l'association de certains libéraux puissent se faire sous forme d'une société de capitaux.

Ce dispositif, tout comme la SCP, est limité à certaines professions soumises à un statut législatif et réglementaire où le titre est protégé.

Voici donc les professions concernées :

- Secteur juridique: les avocats, les experts-comptables, les commissaires-priseurs judiciaires, les administrateurs judiciaires, les commissaires aux comptes, les greffiers des tribunaux de commerce, les huissiers de justice, les mandataires judiciaires à la liquidation des entreprises, les notaires.

- Secteur médical: les chirurgiens-dentistes, les vétérinaires, les directeurs et directeurs-adjoints de laboratoire d'analyses de biologie médicale, les médecins, les pharmaciens, les infirmiers, les sages-femmes, les masseurs-kinésithérapeutes, les pédicures-podologues, les orthophonistes, les orthoptistes, les diététiciens, les psychomotriciens.

- Secteur technique et cadre de vie: Les architectes, les géomètres-experts, les conseils en propriété industrielle, les experts agricoles et fonciers et les experts forestiers.

Exercer en commun

4.1 Les actionnaires en SEL peuvent choisir 4 formes juridiques:

- SELARL (Société d'Exercice Libéral à Responsabilitée Limitée)
- SELAFA (Société d'Exercice Libéral à Forme Anonyme)
- SELAS (Société d'Exercice Libéral par Action Simplifiée)
- SELCA (Société d'Exercice Libéral en Commandite par Actions)

Elles sont toutes soumises au droit des sociétés commerciales et les décrets d'application prévoient des spécificités pour chaque profession.

C'est-à-dire que leur fonctionnement dépend des directives de l'ordre professionnel ou de l'administration compétente de chaque profession.

A titre informatif, les formes SELAFA et SELCA sont peu utilisées pour les professions libérales.

4.2 Pour créer une SEL, il faut effectuer quelques formalités:

1. Rédiger les statuts de la société et choisir sa forme
2. Valider l'agrément de l'ordre professionnel
3. Verser le capital et faire une attestation de dépôt
4. Faire paraître un avis de création de SEL dans un journal d'annonces légales
5. Immatriculer la société (formulaire M0) et l'envoyer au greffe du tribunal de commerce

Libérale 2.0

Les conditions à la création sont les suivantes:

- Faire partie d'une profession réglementée à la création d'une SEL
- Les associés qui exercent la profession libérale concernée doivent détenir plus de la moitié du capital social et des droits de vote de la société
- Les représentants légaux sont nommés parmi les associés exerçant ladite profession concernée
- Les associés non professionnels ne doivent pas représenter plus d'un certain plafond de détention de titres au sein du capital

Les associés de la SEL peuvent être classés dans 3 catégories:

- Les associés exerçant leur profession au sein de la SEL
- Les professionnels extérieurs à la société
- Les tiers non professionnels (personne physique ou morale)

Concernant l'engagement financier, le montant du capital social retenu sera en fonction du choix du type de société.

En SELAFA et en SELCA, il est de 37 000€ minimum et est librement fixé en SELARL et en SELAS.

4.3 Gestion d'une SEL:

En termes de fonctionnement, une SEL a exactement le même modèle qu'une autre société.

Exercer en commun

En SELARL, il faut nommer un gérant qui doit faire partie des associés exerçant sa profession au sein de la structure.

En SELCA, SELAS et SELAFA, le président, les membres du directoire, les directeurs généraux et les 2/3 au moins des membres du conseil de surveillance ou du conseil d'administration doivent être des associés exerçant leur profession au sein de la société.

Fiscalement les SEL sont soumises à l'impôt sur les sociétés. Mais au cours des 5 premières années de fonctionnement, une option est possible pour la déclaration contrôlée.

Enfin, concernant la transmission, chaque modèle de SEL a ses propres règles :

- SELARL : La cession de parts sociales à des tiers est soumise à un agrément qui doit être donné à la majorité des 3/4 des porteurs de parts sociales exerçant leur activité libérale au sein de la SEL.

- SELAFA : Toutes les cessions d'actions sont décidées selon les modalités fixées dans les statuts, soit à la majorité de 2/3 des actionnaires exerçant leur profession au sein de la société, soit à la majorité de 2/3 des membres du conseil de surveillance ou d'administration exerçant leur profession au sein de la société.

- SELAS : L'agrément de nouveaux associés est donné à la majorité des 2/3 des associés exerçant leur profession au sein de la société.

Libérale 2.0

- SELCA: L'agrément d'un actionnaire commanditaire est décidé par les associés commandités à la majorité des 2/3. L'agrément d'un associé commandité est donné à l'unanimité des associés commandités et à la majorité des 2/3 des actionnaires commanditaires.

4.4 Quels sont les avantages et les inconvénients à créer une SEL plutôt qu'une SCP ou une SCM pour les libéraux?

Avantages:

1. Le principal bénéfice est la fiscalité, puisque la SEL est imposée sur les sociétés (BIC–Bénéfices Industriels et Commerciaux). Dans la majorité des cas, l'impôt sur les sociétés est plus avantageux pour les professionnels que celui sur les revenus.

2. Le second avantage est la cession et la transmission des parts réglementées, garantissant un contrôle sur la structure par les professionnels qui y exercent.

3. La responsabilité des associés est limitée à leur apport, contrairement en SCP.

Inconvénients:

1. Le plus gros désavantage est le nombre et la difficulté des formalités à réaliser lors de la création de la société.

2. C'est aussi une source de frais supplémentaires, le coût est donc non négligeable.

3. Enfin le formalisme du fonctionnement, ne permet pas de gérer les choses simplement. Il faut pour chaque décision, un nombre important de paramètres à valider pour que la proposition soit validée au sein de la structure.

5-La SPE (Société Pluridisciplinaire d'Exercice):

Cette société est réservée exclusivement aux avocats, notaires, huissiers de justice, commissaires priseurs judiciaires, experts comptables, mandataires judiciaires et conseils en propriété industrielle.

Cette forme de société est récente, accessible uniquement depuis le 01 Juillet 2017.

Elle permet l'exercice en commun entre ces différentes professions, qui peuvent donc collaborer dans un même lieu. Ce qui n'est pas le cas avec la SCP ou les 4 modèles de SEL.

Il est possible de transformer une SCP en SPE, pour accueillir de nouvelles professions qui font partie de la liste ci-dessus.

Cette société peut prendre les 4 formes sociales suivantes que nous avons déjà décrit:

- SARL
- SARS
- SA
- SEL

Elles sont toutes imposées sous le régime des sociétés commerciales.

Concernant la détention du capital, la SPE doit comprendre parmi les associés, au moins un membre de chacune des professions qu'elle exerce et qui constitue son objet social.

L'ensemble du capital et des droits de vote d'une SPE doit être détenu par des personnes physiques exerçant l'une des professions exercées en commun dans la société ou par des sociétés dont le capital et les droits de vote sont détenus en totalité par ces personnes physiques.

Pour fonctionner, la SPE doit exercer la ou les professions constituant son objet social, qu'après avoir été agréée par la ou les autorités compétentes (ou inscrite sur la ou les listes ou au tableau de l'ordre ou des ordres professionnels concernés).

6-Travailler avec son conjoint:

Lorsque votre conjoint participe de manière régulière à l'organisation de votre entreprise libérale, il est nécessaire de déclarer son exercice.

Il est possible que cette aide soit juste ponctuelle et qu'elle ne prenne la place d'aucun poste dans votre activité.

A ce moment-là, on parle d'entraide familiale et il n'est pas nécessaire de déclarer quoi que ce soit.

Exercer en commun

Mais s'il s'avère que le conjoint opère des fonctions régulières, il faut alors le reconnaître. Car l'administration fiscale peut vous pénaliser pour travail non dissimulé.

Il faudra donc régler les cotisations sociales auprès des organismes sociaux, majorés de 30% minimum sur les sommes redressées. Le chef d'entreprise pourra aussi être poursuivi pénalement pour travail non déclaré et risque alors 3 ans de prison et jusqu'à 45 000€ d'amende.

Pour éviter ces complications, observons ensemble les différents statuts pour le conjoint du libéral:

6.1 Le conjoint collaborateur:

- Il doit être uni au chef d'entreprise par un mariage, un PACS ou être son concubin.
- Le collaborateur ne percevra aucune rémunération.
- Il cotisera auprès des organismes sociaux pour sa protection sociale et sa retraite (pas d'indemnité chômage).
- La collaboration est libre de s'arrêter à tout moment.
- Mais en cas de divorce ou de rupture de PACS, l'ex conjoint collaborateur peut demander une requalification de sa collaboration en contrat de travail salarié.
- En cas de décès, le conjoint survivant qui a participé sans rémunération pendant 10 ans à l'activité d'une entreprise libérale, peut prétendre à une part prélevée sur la succession.
- Les cotisations sociales prélevées pour le conjoint collaborateur sont déductibles du chiffre d'affaires du chef d'entreprise.

Libérale 2.0

Pour déclarer son conjoint collaborateur, le libéral doit effectuer les démarches, au plus tard dans les 2 mois après le début de l'association. Cette déclaration est directement possible sur le guichet des formalités des entreprises et disponible en ligne.

6.2 Le collaborateur salarié:

- Le conjoint peut être marié, pacsé ou concubin du chef d'entreprise.
- Il percevra une rémunération au moins égale au SMIC et correspondant à la fonction exercée (équivalente à sa qualification et à son poste).
- Un contrat de travail, une déclaration d'embauche au CFE et le paiement des cotisations sera obligatoire.
- Le conjoint doit participer aux tâches prévues dans le contrat de travail.
- Les salaires versés au conjoint, ainsi que ses cotisations sociales, sont entièrement déductibles du chiffre d'affaires du libéral.
- Le conjoint salarié est imposé sur ses revenus en traitement et salaires.
- La séparation du couple ne peut être une cause de rupture de contrat.
- Seule la démission ou le licenciement permettent de stopper le contrat.
- En cas de décès du chef d'entreprise, si l'activité est reprise par un autre titulaire, le conjoint salarié peut poursuivre son activité.

Exercer en commun

6.3 Le collaborateur associé:

- Le conjoint doit être lié au libéral par un mariage, un Pacs ou être son concubin.
- Le conjoint doit détenir une participation dans la société en effectuant un apport personnel ou en en revendiquant la qualité d'associé si le conjoint est marié sous le régime de la communauté et que l'apport a été réalisé avec un bien commun.
- Pour déclarer un conjoint associé, il faut le notifier dans les statuts.
- Le conjoint a le droit de vote aux assemblées générales.
- Il est aussi bénéficiaire des dividendes versées aux actionnaires.
- Il possède la même couverture sociale que le chef d'entreprise.
- Imposition des dividendes à l'impôt sur le revenu dans la catégorie des revenus de capitaux mobiliers.
- Responsabilité limitée au montant des apports.
- Une séparation dans le couple n'a aucun effet sur le statut de conjoint associé.
- En cas de décès du libéral, si l'activité est poursuivie, aucun effet sur le statut de conjoint associé.
- Pour sortir de cette collaboration, le conjoint associé doit céder ses droits sociaux dans l'entreprise.

Un décret est paru le 18 Mars 2021, exigeant qu'au moment de la déclaration du conjoint dans l'entreprise, ce dernier devra rédiger une attestation sur l'honneur confirmant le choix du chef d'entreprise.

Libérale 2.0

Le bilan de ce chapitre est qu'il existe de nombreuses formes juridiques pour exercer en commun. Il faut avant tout faire un constat sur vos besoins.

- Allez-vous travailler avec d'autres professionnels? De la même profession ou du même secteur?
- Allez-vous inclure votre conjoint?
- Quelles responsabilités souhaitez-vous engager?
- Désirez-vous une organisation collective ou plus singulière?
- A quel type d'imposition préférez-vous être engagé?

Toutes ces questions vous permettront de vous diriger vers le statut qui conviendra à votre activité, pour exercer en commun.

Et peu importe l'option retenue, n'oubliez pas que vos associés vont déterminer l'avenir de votre vie professionnelle. Alors soyez sûr de vos partenaires!

Le calendrier d'une installation réussie

Les chapitres précédents ont permis la préparation de cette étape cruciale, votre installation. C'est pourquoi, à ce moment précis, vous avez logiquement:

- Une motivation débordante pour votre projet
- Réalisé une étude de marché et un business plan pour la viabilité de votre activité
- Trouvé un local ou l'emplacement de votre future entreprise
- Choisi votre futur statut juridique et fiscal
- Repéré les aides auxquels vous pouvez prétendre

Je vous propose donc dans ce chapitre une chronologie à suivre pour vos futures démarches. Cela permettra de ne rien omettre et de s'installer sereinement dans les meilleures conditions.

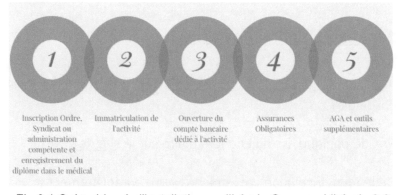

Fig 6.1 Calendrier de l'installation en libéral - Source : Libérale 2.0

Libérale 2.0

1-Inscription - Ordre, Syndicat et Administration compétente:

Vous devez avant toute chose, vous inscrire à votre ordre professionnel si votre métier en possède un.

Il existe aussi des syndicats professionnels et des administrations compétentes qui sont obligatoires pour certains métiers. Renseignez-vous, car ils pourront vous aider dans les démarches qui vous attendent.

1bis-Enregistrement du diplôme dans le milieu médical:

Si votre profession se situe dans le secteur médical, faites enregistrer votre diplôme au répertoire ADELI auprès de l'ARS (agence régionale de santé) avec le lieu d'exercice ou à votre domicile pour les remplaçants.

2-Immatriculation de l'activité:

Elle doit se faire dans les 8 jours suivant le début de l'activité obligatoire.

Pas de panique, il s'agit du formulaire sur le site de l'INPI.

Cette immatriculation va permettre votre enregistrement à:

Le calendrier d'une installation réussie

- L'INSEE pour recevoir votre N° de SIRET
- L'URSSAF
- Votre caisse de retraite spécifique
- Au service des impôts pour les entreprises

C'est grâce à cette inscription que vous paierez ensuite vos cotisations sociales obligatoires.

Pour information, le numéro SIRET (Système Informatique pour le Répertoire des Entreprises sur le Territoire) est un identifiant composé de 14 chiffres attribué par l'INSEE à chaque entreprise.

Il permet de répertorier l'entreprise auprès de tous les organismes, comme un numéro de suivi.

Lorsque vous immatriculez votre activité, il faut demander les aides potentielles à la création d'entreprise en parallèle.
Donc n'oubliez pas de remplir les formulaires correspondants et répertoriés dans le chapitre "Exercer en entreprise individuelle".

Pour ceux qui préfèrent déléguer cette tâche, sachez que certaines sociétés en ligne vous proposent de s'en occuper pour vous.

Vous devrez tout de même faire les choix juridiques et fiscaux. Mais une fois que vous les aurez rémunérées, elles s'occuperont de toute la paperasse et du suivi de dossier pour vous.

3-Ouvrir un compte bancaire:

Depuis le 22 Mai 2019 et la loi PACTE, un libéral qui effectue plus de 10 000€ de chiffre d'affaires annuel doit posséder un compte bancaire dédié à son activité.

C'est pourquoi que vous soyez en micro-BNC ou en déclaration contrôlée, vous serez dans l'obligation d'ouvrir un compte bancaire pour votre exercice.

Faites le rapidement, car pour la comptabilité c'est quand même beaucoup plus simple.

Sachez qu'il n'est absolument pas nécessaire de prendre un compte bancaire professionnel, vous pouvez utiliser un compte courant classique. Néanmoins, il faut que l'intitulé de votre compte comporte la mention EI (ainsi que sur tous vos documents officiels, factures, courrier...).

En effet les comptes professionnels sont souvent plus coûteux, par contre ils peuvent vous faire bénéficier de services supplémentaires comme le crédit professionnel, la carte pro, un conseiller dédié à votre exercice.

C'est donc à vous de juger, si votre activité a besoin d'un suivi régulier ou non. Si ce n'est pas le cas, vous pouvez même utiliser un compte en ligne à moindre frais: Hello Bank, Monabanq, Fortuneo, Boursorama...

Il existe également des comptes bancaires professionnels en ligne: Qonto, Shine, Boursorama pro...

Le calendrier d'une installation réussie

Si vous voulez utiliser un TPE (terminal de paiement à CB) dans votre future activité, sachez qu'il n'est pas obligatoire de le prendre en partenariat avec votre banque.

C'est une option, mais vous pouvez aussi intégrer des prestataires externes comme Sumup ou Zettle.

4-Les assurances obligatoires:

4.1 La Responsabilité Civile Professionnelle (RC Pro) :

C'est une assurance obligatoire pour toute profession libérale réglementée et elle est vivement conseillée pour les non réglementées.

Elle permet de prendre en charge la défense et l'indemnisation financière qu'un professionnel peut causer à ses clients/patients ou à des tiers dans le cadre de son activité:

- La défense du professionnel devant les juridictions administratives, civiles, commerciales, pénales, disciplinaires ainsi que devant les commissions de conciliation et d'indemnisation et le règlement des frais de procédure.

- L'indemnisation financière du préjudice subi par un client/patient et ses proches mais aussi les tiers payeurs (organismes sociaux et employeurs notamment) qui disposent d'actions destinées à obtenir le remboursement des dépenses engagées par eux au regard du dommage subi par la victime.

Libérale 2.0

Lorsque sa RC pro est engagée, l'indemnisation à laquelle peut être condamné le professionnel libéral peut être très importante.

S'il ne souscrit pas d'assurance profession libérale pour se protéger, il risque d'en supporter définitivement le coût et la responsabilité juridique.

4.2 L'assurance Multirisques:

Cette assurance permet au professionnel de couvrir son local de tous les risques existants (feu, cambriolage, dégradation, inondation...) et/ou son matériel.

Ainsi, si l'un des sinistres précédents survient, l'entreprise est indemnisée par son assurance d'une partie du montant des travaux de réhabilitation liés à ce dernier.

La souscription à une telle assurance permet au professionnel libéral de pouvoir rééquiper son local et de relancer son activité rapidement.

Elle est obligatoire pour couvrir les risques que court le local. Cependant, elle est facultative en ce qui concerne le matériel professionnel.

4.3 L'assurance perte d'exploitation (option):

Cette assurance n'est absolument pas obligatoire mais peut être une option lorsque vous souscrivez à une assurance Multirisques.

Le calendrier d'une installation réussie

A quoi sert-elle ?

Lorsqu'un professionnel est confronté à un sinistre, son activité peut être impactée sur une durée parfois longue. Dans certains cas, l'activité peut même être totalement interrompue.

Le chiffre d'affaires baisse, tandis que les frais fixes (charges, impôts, taxes, loyers, rémunérations des employés...) restent inchangés. L'équilibre de l'entreprise est donc souvent menacé.

Pour éviter cela, l'assurance perte d'exploitation indemnise les professionnels assurés le temps que la situation se stabilise et revienne à la normale.

Dans les contrats d'assurance perte d'exploitation de base, les professionnels peuvent être couverts si les sinistres suivants impactent leur activité et leur chiffre d'affaires : incendie, explosion, foudre, fumées, dommage électrique, tempête, grêle, neige, gel, dégâts des eaux, inondations, catastrophes naturelles, attentats et actes terroristes.

Depuis 2020 et cette histoire de Covid-19, je vous conseille de faire insérer la clause "pandémie" dans la liste ci-dessus si ce n'est pas le cas. Cela vous permettra d'être indemnisé, en cas de confinement par exemple.

C'est d'ailleurs à cause de cette clause qui n'était pas inscrite dans les précédents contrats que les professionnels ont fulminé en 2020.

En effet, les libéraux sont connus pour souscrire des assurances qu'ils font peu fonctionner tout au long de leur carrière. Mais au seul moment où ils en avaient véritablement besoin, ces dernières n'ont pas répondu présentes dans la majorité des cas.

Et c'est comme cela qu'on s'est retrouvé avec des résiliations de contrat importantes en 2020 et 2021.

Il existe d'autres assurances importantes et facultatives à prendre en tant que libéral, notamment les contrats de prévoyance, de mutuelle et de retraite. Mais nous verrons ensemble ces contrats, dans le chapitre "Libéraux, protégez-vous!".

5-S'inscrire à une AGA (Association de Gestion Agréée) :

Commençons par dire que l'inscription à une AGA est uniquement nécessaire aux libéraux avec un statut fiscal de la déclaration contrôlée.

En effet, les micro-entrepreneurs n'ont pas besoin d'adhérer à ce type d'organisme car il n'ont pas de comptabilité précise à tenir.

Effectivement le rôle de l'AGA va être d'accompagner et de contrôler le libéral dans sa déclaration comptable.

C'est une association à but non lucratif agréée par l'administration fiscale. Cette dernière vérifie régulièrement que l'organisme de gestion accomplit les missions qui lui sont confiées.

Le calendrier d'une installation réussie

En 2023, il n'existe plus de pénalité financière si vous n'adhérez pas à une AGA. Ce n'est donc plus obligatoire, mais si vous souhaitez avoir un partenaire qui contrôle vos déclarations avant l'envoi aux impôts, l'AGA sera votre meilleur choix.

La plupart du temps les AGA sont spécialisées pour certaines professions, donc essayez d'adhérer à celle qui vous correspond.

5.1 Les différentes missions de l'AGA sont de :

- Procéder chaque année au contrôle de la cohérence de la déclaration et du livre comptable de l'adhérent
- Établir l'attestation d'adhésion qui permet à ses adhérents de bénéficier d'avantages fiscaux
- Réaliser également un dossier d'analyse économique comparative
- Effectuer un compte rendu de mission synthétisant les travaux effectués
- Intégrer une mission de formation et d'information pour accompagner ses membres adhérents dans leurs démarches et les informer sur l'évolution de l'actualité sociale, fiscale, économique et juridique.

5.2 Quand adhère t-on à une AGA?

- Si vous créez votre activité, vous avez 5 mois après l'immatriculation
- Si c'est votre première année d'adhésion, vous avez jusqu'au 31 Mai
- Si vous passez du régime micro-BNC à la déclaration contrôlée dans l'année, vous avez jusqu'au 31/12

5.3 Combien coûte une AGA ?

Il faut compter environ 300€ pour une adhésion annuelle dans le secteur médical. Cela dépend de chaque AGA et de chaque profession.

6-Les outils indispensables à l'installation :

Une fois que vous avez effectué toutes ces démarches, voici une liste non exhaustive des outils nécessaires pour commencer à démarcher vos premiers patients/clients :

- Plaque professionnelle à afficher
- Cartes de visite (Vistaprint a des modèles intéressants)
- Ligne téléphonique (fixe ou mobile)
- Mail professionnel
- Créer une page google business
- S'inscrire sur les annuaires
- Créer un site internet

Finalement, si vous avez effectué l'ensemble de ces démarches, c'est que vous avez fait le plus dur en termes de formalités.

Vous pouvez enfin lancer sereinement votre activité sans inquiétude particulière. En effet, vous avez mis en place la procédure sans omettre le moindre document ou démarche qui pourrait tout faire ralentir.

Le calendrier d'une installation réussie

Il est donc temps de vous souhaiter bon vent dans votre activité. Et même si le plus dur est fait, il reste encore du boulot à fournir chaque année pour rester en règle.

Étudions donc maintenant les obligations liées à l'exercice comptable :

- Quelles sont les échéances annuelles ?
- Quelles sont les options qui vous sont proposées pour traiter votre comptabilité ?
- Quelles sont les obligations à respecter ?

Autant de questions auxquelles, nous allons répondre dans ce prochain chapitre.

Libérale 2.0

Tenir sa comptabilité

A présent, nous allons observer quelles sont les obligations comptables du libéral en fonction de son mode d'exercice, ainsi que les différents moyens de tenir sa comptabilité.

En effet, en fonction de votre régime (micro-entrepreneur ou en déclaration contrôlée), vous n'aurez pas les mêmes règles comptables.

Mais avant d'exposer clairement le sujet, mettons nous d'accord sur le vocabulaire utilisé en comptabilité:

- Les recettes et le chiffre d'affaires représentent la même chose pour un libéral. Il s'agit des honoraires qu'il a encaissés, tout au long de l'année en cours.

- Les dépenses ou charges désignent les coûts imputés à son exercice lors de cette même période.

- Le bénéfice correspond à la soustraction entre les recettes et les dépenses.

En France, nous sommes imposés sur le revenu grâce à notre bénéfice que l'on déclare chaque année.

Dans ce chapitre nous examinerons les obligations comptables du micro-entrepreneur et du libéral en déclaration contrôlée.

Nous observerons également les différents modes pour déduire vos frais de véhicule et nous finirons par une explication sur le calendrier fiscal annuel.

Commençons par le régime le plus simple, le micro-entrepreneur.

1-Le micro-entrepreneur:

Pour rappel, un micro-entrepreneur doit réaliser moins de 72 600€ de recettes en 2023 pour garder ce statut. Au-delà, il passera directement en déclaration contrôlée au réel.

En cas de début d'activité en cours d'année, le seuil doit être ajusté au prorata temporis à partir de la prise d'activité jusqu'au 31 décembre.

Pour ce régime, il n'est pas obligatoire de tenir une comptabilité stricte. L'administration fiscale vous demandera uniquement de tenir un livre-journal des recettes, contenant:

- Le détail des recettes journalières
- L'identité des clients
- Le montant des honoraires
- Le moyen de règlement
- Le numéro de facture si existante

Tenir sa comptabilité

MOIS					
PLAFOND DE CHIFFRE D'AFFAIRES					
Date	Référence ou n° de facture	Client	Nature	Modalité d'encaissement	Montant
				TOTAL mois	euros
				TOTAL année	euros

Fig 7.1: Exemple d'un livre-journal de recettes en micro-entreprise-Legalstart.fr

Pour calculer votre chiffre d'affaires annuel, il suffit d'additionner vos résultats quotidiens du 1er Janvier au 31 Décembre.

Lorsque vous êtes micro-entrepreneur, vous faites le choix de déclarer vos recettes mensuellement ou trimestriellement pour le paiement de vos cotisations sociales.

Vous devez donc vous connecter sur le portail des micro-entrepreneurs à cette même fréquence pour justifier vos revenus.

En fonction de ces derniers et des aides qui vous sont accordées, vous subissez un prélèvement unique pour l'ensemble des organismes sociaux (URSSAF et Retraite).

C'est ici, la première obligation comptable qui vous sera demandée en tant que micro-entrepreneur.

Libérale 2.0

L'avantage de ce dispositif est que si vous ne déclarez aucun revenu, vous ne payez aucune charge sociale.

Le régime de TVA applicable pour les professions libérales en micro-entreprise est une franchise dite en base. Elle correspond à une exonération de déclaration et de paiement de la TVA sur certaines prestations ou ventes. Donc, nul besoin de vous occupez de la TVA. Il faut juste qu'apparaisse la notion " TVA non applicable, article 293 B du CGI" sur vos factures.

Depuis 2019, il est obligatoire de posséder un compte bancaire attitré à son activité libérale, à partir du moment où vous effectuez plus de 10 000€ de recettes annuelles. C'est donc ici, la seconde obligation qui vous sera demandée pour ce régime (avec l'inscription EI dans l'intitulé de votre compte).

Enfin, le dernier impératif à réaliser chaque année est bien sûr votre déclaration d'impots.

Lorsque vous remplissez votre formulaire d'impôts en ligne pour votre foyer (2042), choisissez dans la catégorie "revenus imposables" la ligne "Micro-BNC" ou "régime déclaratif spécial" pour reporter vos recettes de l'année déclarée.

Pour calculer votre bénéfice, l'administration fiscale utilise un barème forfaitaire de 34% pour les micro-BNC.

C'est-à-dire qu'elle considère que vous avez des charges fixes évaluées autour de ce taux. Elle va donc abattre ce taux sur vos recettes pour ensuite calculer votre bénéfice. Et c'est seulement sur ce bénéfice que vous serez ensuite imposé sur le revenu, selon votre tranche marginale d'imposition (TMI, cf le chapitre "Comprendre l'imposition en France").

> **Exemple:**
>
> Un libéral en micro-BNC déclare 52 000€ de chiffre d'affaires en 2023:
>
> - En 2024, lorsqu'il réalisera sa déclaration d'impôts (avril-mai) il remplira dans la case "micro-BNC" ses recettes évaluées à 52 000€
> - Puis l'administration fiscale lui abattra 34% de ce montant, soit 17 680€
> - Il sera donc finalement imposé sur 34 320€

2-La déclaration contrôlée:

En déclaration contrôlée, les choses se corsent en termes de comptabilité.

Chaque libéral doit tenir:

- Un livre-journal des recettes et des dépenses
- Un registre des immobilisations et des amortissements

On dit plus couramment qu'il doit respecter une comptabilité de trésorerie.

Libérale 2.0

2.1 Le livre-journal des recettes et des dépenses:

Il doit se tenir quotidiennement et doit faire apparaître:

- La date de l'opération
- Le numéro de la facture
- Le numéro des comptes débités et crédités
- Le libellé ou description de l'opération
- Le montant de l'opération.

En cas de dépenses, le libéral doit absolument conserver toutes ses factures et justificatifs.

Ce livre-journal de recettes et dépenses peut être tenu sur papier, avec stylo indélébile. Peu de libéraux réalisent encore leur comptabilité de cette manière, mais sachez qu'il existe dans le commerce des modèles pré-remplis.

Vous pouvez également utiliser des logiciels de comptabilité (Ciel, EBP, BNC Express…) souvent plus rapides et plus efficaces, notamment en cas d'erreur.

Parfois, il est plus judicieux de se faire accompagner par une personne, le comptable ou l'expert-comptable peut vous permettre de vous assister dans votre exercice ou de gérer la totalité de la comptabilité. Evidemment, les tarifs ne seront pas les mêmes selon le cas défini.

Enfin, depuis quelques années avec l'ère des starts-up, les libéraux ont pu observer de nouveaux arrivants, les robots-comptables. Il s'agit de logiciels qui grâce à la synchronisation bancaire transforment toutes les lignes bancaires en lignes comptables et les classent par catégorie (Indy anciennement Georges, Dougs, robocompta…). Vous avez accès à un espace client en ligne pour la gestion régulière.

Pour information, il est strictement interdit de tenir sa comptabilité sur excel ou autre tableur, car les écritures comptables sont modifiables.

Personnellement, j'ai commencé ma comptabilité libérale avec un logiciel (BNC Express). La prise en main est un peu délicate la première année mais ensuite on s'y fait. C'est donc une bonne alternative.

Dorénavant et depuis 5 ans, j'ai comme un grand nombre de libéraux adopté Indy, le robot comptable. Honnêtement, aujourd'hui j'aurais du mal à m'en passer. Il demande un temps minime comparé au logiciel et tout est plus simple. On est vraiment guidé une fois sur son espace client, ce qui nous permet de ne rien oublier et de tout contrôler. Le logiciel vous envoie des notifications quand les démarches peuvent et doivent être effectuées.

De plus, avec un logiciel je devais reporter tous les montants sur l'espace personnel de mon AGA. Aujourd'hui Indy envoie directement le dossier comptable à l'AGA, je n'ai donc plus besoin de réaliser cette tâche.

Si je débutais mon activité aujourd'hui, je passerais donc directement par un robot comptable.

2.2 Le registre des immobilisations et des amortissements:

Il permet de réunir tout le patrimoine de votre activité (biens physiques, immatériels et financiers).

Libérale 2.0

Il va généralement contenir les différents gros achats qui vous sont indispensables, tout au long de votre exercice (supérieur à 500€).

Qu'il s'agisse d'un véhicule, de matériel spécifique ou informatique, on ne déduira pas son prix total sur une seule année. On considère comptablement que vous allez utiliser cet actif plusieurs années. Donc on va fractionner son prix pour l'amortir.

Attention, seuls les biens corporels sont amortissables.

Etudions ensemble, les règles d'amortissement en fonction des biens:

- 5 ans pour les véhicules et moyens de transport
- Environ 10 ans pour le mobilier
- 8 à 20 ans pour les aménagements et les installations spécifiques (création d'une salle de sport ou de rééducation, d'un cabinet dentaire…)
- 3 ans pour le matériel informatique
- 20 à 50 ans pour les locaux
- Environ 5 ans pour le matériel électrique

L'amortissement peut être calculé de manière linéaire, c'est-à-dire qu'on fractionne le bien en parts égales chaque année.

Exemple:

Mr T achète un nouvel ordinateur pour 1500€. Ce bien informatique est généralement immobilisé sur 3 ans, en linéaire on comptabilise 500€ d'amortissement par an.

Néanmoins, on peut également déduire les amortissements en mode dégressif. Dans ce cas, la part amortissable de la première année sera la plus importante. Puis, elle diminuera chaque année jusqu'à la fin de l'amortissement.

Le libéral doit conserver toutes les factures et justificatifs des biens immobilisés.

Le registre des immobilisations et amortissements doit être conservé au moins 6 ans après la dernière date d'opération enregistrée.

Le registre des immobilisations et amortissements doit contenir :

- Date d'acquisition ou de création de l'immobilisation
- Nature de l'immobilisation
- Prix de revient
- Montant des amortissements pratiqués
- Prix et date de cession éventuellement

2.3 Les charges:

Elles sont nombreuses et variées. Imputées au chiffre d'affaires en fin d'année, elles permettent de calculer ensuite le bénéfice du libéral.

Si les dépenses sont supérieures aux recettes, vous pouvez utiliser ce déficit sur votre revenu pour les 6 années suivantes.

Observons ensemble les charges déductibles, c'est-à-dire qui peuvent se soustraire au chiffre d'affaires en fin d'année.

Libérale 2.0

Additionnées, elles forment donc la partie charges ou dépenses du libéral. Elles doivent toujours être dans l'intérêt de l'entreprise, en étant justifiées :

- Loyer ou intérêts du prêt professionnel
- Energies (chauffage, eau, électricité)
- Téléphonie, internet
- Entretien et réparation du local
- Achat de mobilier, matériel (inférieur à 500€ sinon immobilisation)
- Assurances
- Repas hors domicile (barème forfaitaire)
- Frais de déplacement
- Fournitures de bureau
- Affranchissement
- Frais pour un ordre ou un syndicat professionnel
- Cotisations sociales
- Frais de formation
- Frais de blanchissage
- Publicité
- Frais d'acte et de contentieux
- Télétransmission pour les médicaux
- Amortissements de vos immobilisations professionnelles

A présent, étudions les charges non déductibles qui ne peuvent pas faire partie des dépenses imputables :

- Coût d'achat de la patientèle ou de la clientèle
- Capital du prêt professionnel
- Taxe sur les véhicules de société

Tenir sa comptabilité

- Frais de véhicule si vous choisissez le barème kilométrique (voir paragraphe sur les frais de véhicule)
- Les impôts (revenus ou sociétés)
- Cadeaux excessifs
- AGIOS
- Amendes

Si vous avez bien suivi, les charges déductibles permettent de diminuer le bénéfice du libéral. Et plus ce dernier est bas, moins il paiera d'impôts.

Il est donc tentant de vouloir imputer un maximum de charges à votre activité pour éviter une trop forte imposition. Malgré tout, vous devez respecter les règles déjà évoquées, les charges doivent êtres dans l'intérêt de l'entreprise et non excessives.

De plus, à ce petit jeu, vous pouvez ressortir perdant. En plus de risquer un contrôle de l'administration fiscale, vous aurez également plus de difficultés pour emprunter auprès de votre banque en cas de projet immobilier par exemple.

Et enfin en cas d'arrêt de travail, les indemnités journalières reçues seront calculées sur votre bénéfice antérieur. Donc vous obtiendrez des prestations qui ne correspondent pas à vos besoins.

2.4 Les associations de gestion agréée (AGA):

Elles sont chargées de contrôler votre déclaration et la cohérence de votre exercice comptable avant l'envoi à l'administration fiscale.

Libérale 2.0

Comme déjà évoqué, elles ne sont plus obligatoires en 2023 pour éviter la pénalité financière. Néanmoins, l'AGA étudie votre liasse fiscale 2035 et sa cohérence. Elle doit ensuite vous faire un rapport sur les erreurs éventuelles et les corrections qu'elle va effectuer. C'est donc un bon allié pour le contrôle de votre comptabilité.

Puis vous devez valider la version corrigée de la 2035, avant que l'AGA l'envoie à l'administration fiscale.

Finalement, vous déclarez l'impôt sur le revenu de votre foyer (2042) en inscrivant votre bénéfice dans le régime BNC-déclaration contrôlée.

<u>2.5 La déclaration 2035:</u>

Elle permet de certifier chaque année ses revenus professionnels à l'administration fiscale pour tout libéral en déclaration contrôlée. Elle est obligatoire et justifie ensuite votre imposition sur le revenu.

Cette 2035 est éditée en fonction de la comptabilité de votre exercice annuel. Elle se découpe en plusieurs annexes (2035-SD, 2035-A, 2035-B…) qui vont calculer le bénéfice réel de l'année étudiée.

Si vous tenez votre comptabilité en format papier, bon courage pour tout remplir page par page.

Avec un logiciel, vous aurez uniquement à retranscrire les montants dans les cases correspondantes.

Avec un comptable, il faudra lui envoyer tous vos justificatifs pour qu'il clôture lui-même votre 2035.

Tenir sa comptabilité

Avec un robot-comptable, tout se fait quasi automatiquement, vous aurez juste à vérifier la cohérence de votre déclaration.

Attention, vous ne devez pas confondre la 2035 avec la 2042.

La déclaration 2035 permet de calculer votre bénéfice en tant que libéral en renseignant vos recettes et vos dépenses professionnelles.

La 2042, correspond à la déclaration des revenus de l'ensemble de votre foyer fiscal. Il faudra donc d'abord calculer votre bénéfice grâce à la 2035. Et ensuite reporter ce montant dans votre déclaration d'impôt sur le revenu 2042.

Maintenant que nous avons étudié la comptabilité pour les micro-entrepreneurs et pour les libéraux en déclaration contrôlée, analysons ensemble les différentes possibilités pour calculer vos frais de véhicule.

3-Les frais de véhicule

Le véhicule est une charge majeure pour l'ensemble des professions libérales. Il permet d'effectuer les trajets domicile-travail. Mais également, de réaliser les déplacements vers les différents rendez-vous professionnels, formations, séminaires…

Avant d'exposer les choix financiers pour votre véhicule, assurez-vous de choisir un véhicule qui convient à vos besoins professionnels et personnels, si l'usage est mixte.

Libérale 2.0

La majorité des libéraux utilisent des voitures de tourisme qui font office de véhicule mixte, aussi bien pour l'usage professionnel que personnel. D'autres sont contraints d'utiliser des véhicules utilitaires à cause de leur activité. Enfin, certains se tournent plutôt vers des scooters, motos, vélos et même des trottinettes. Tous ces véhicules peuvent faire office de véhicule professionnel, à partir du moment où ils sont utilisés dans ce cadre.

Une différence subsiste entre l'achat d'un véhicule de tourisme (VP) et d'un utilitaire (VU).

En effet, la TVA grevant l'achat d'un véhicule utilitaire est déductible si l'acheteur est redevable de la TVA au titre de son activité.

Il en va de même pour les dépenses d'entretien et de réparation du véhicule, contrairement au véhicule de tourisme.

Pour choisir votre futur véhicule, effectuez un état des lieux de votre situation:

- Avez vous besoin d'un véhicule confortable pour rouler plusieurs milliers de kilomètres par an?
- Avez vous besoin d'une citadine compacte pour trouver un stationnement facilement?

C'est à vous de déterminer le modèle qui vous correspond ainsi que le type de motorisation: diesel, essence, hybride ou électrique. Sachez tout de même que plus votre véhicule sera propre au niveau de la production de CO_2, plus vous pourrez amortir sa part dans votre comptabilité.

3.1 Le financement:

Une fois que vous aurez défini le modèle qui vous intéresse, choisissez votre mode d'acquisition.

En tant que libéral, plusieurs alternatives vous sont proposées pour le financement de votre véhicule. On peut réaliser:

- Un achat avec ses propres fonds ou avec emprunt
- Une LOA (location avec option d'achat)
- Une LLD (location longue durée)

3.1.1 Un achat avec ses propres fonds ou avec emprunt:

C'est un achat effectué par le libéral, il devient donc propriétaire de son véhicule en investissant par ses propres moyens ou via un crédit qu'il remboursera chaque mois.

Il peut décider de garder son véhicule dans son patrimoine personnel ou de l'inclure dans son patrimoine professionnel. Dans ce dernier cas, il pourra amortir son véhicule sur plusieurs années. Ce qui est intéressant pour baisser son bénéfice et payer moins d'impôts.

Exemple:

Mr Y achète un véhicule électrique pour 30 000€, généralement on amorti le véhicule sur 5 années.

> Il pourra donc, dans le cas d'une intégration dans son patrimoine professionnel, déduire 6000€/an d'amortissement linéaire pendant 5 ans.

Cependant, comme déjà évoqué, l'amortissement est aussi lié à la catégorie de votre véhicule et à son rejet de CO_2. Voici un tableau qui permet d'observer la limite d'amortissement possible entre les différentes catégories de véhicules de tourisme :

Amortissement et loyers des véhicules de tourisme				
Date d'achat de l'entreprise ou du loueur	Limite du prix d'achat excluant la déduction des amortissements ou des loyers.			
	> 9 900 €	> 18 300 €	> 20 300 €	> 30 000 €
Avant le 01/01/2017	> 200 g/km	≤ 200 g/km	NA	NA
Du 01/01/2017 au 31/12/2017	> 155 g/km	≥ 60 g/km et ≤ 155 g/km	≥ 20 g/km et < 60 g/km	< 20 g/km
Du 01/01/2018 au 31/12/2018	> 150 g/km	≥ 60 g/km et ≤ 150 g/km	≥ 20 g/km et < 60 g/km	< 20 g/km
Du 01/01/2019 au 31/12/2019	> 140 g/km	≥ 60 g/km et ≤ 140 g/km	≥ 20 g/km et < 60 g/km	< 20 g/km
Du 01/01/2020 au 31/12/2020	> 135 g/km	≥ 60 g/km et ≤ 135 g/km	≥ 20 g/km et < 60 g/km	< 20 g/km
Du 01/01/2021 au 31/12/2021	> 130 g/km	≥ 60 g/km et ≤ 130 g/km	≥ 20 g/km et < 60 g/km	< 20 g/km

Fig 7.2: Amortissement et émission de CO_2 des véhicules de tourisme - Indy.fr

Ce dispositif a pour but d'encourager les professionnels à acheter des véhicules qui consomment moins de CO_2. Il est donc important de prendre en compte ce paramètre dans le choix de votre future voiture.

> **Exemple:**
>
> Si Mr Y achète 30 000€ un véhicule de 2017 et qui émet plus de 155 g/km, il ne pourra déduire qu'un amortissement de 9 900€ sur 5 années (1980€/an).
>
> Il ne pourra donc amortir que le tiers du prix d'achat et non la totalité. Dans ce cas, l'amortissement n'est vraiment pas avantageux pour ce professionnel.

3.1.2 La LOA (Location avec Option d'Achat) :

Le professionnel dispose d'un véhicule contre un loyer mensuel, attesté par un contrat qui a une durée définie dès le départ.

Il n'est donc pas propriétaire mais locataire du véhicule.

Au terme du contrat, il peut rendre ce dernier ou décider de l'acquérir.

Dans ce cas, c'est le bailleur qui lui fera une offre d'achat. Le loyer est une charge imputable qui fera également baisser le bénéfice du libéral et son imposition.

3.1.3 La LLD (Location Longue Durée) :

C'est le même principe que pour la LOA, excepté qu'à la fin du contrat le libéral ne peut pas acheter le véhicule. Il doit impérativement le rendre au bailleur à échéance.

Son loyer est également imputable aux charges du libéral.

3.2 Affectation au patrimoine privé ou professionnel:

Le droit fiscal considère que chaque entrepreneur individuel dispose de deux patrimoines :

- Un privé
- Un professionnel

Si votre véhicule n'est pas inscrit dans votre registre des immobilisations, vous avez donc fait le choix de le garder dans votre patrimoine privé.

Les conséquences sont simples, vous ne pourrez pas déduire ces charges de votre chiffre d'affaires: intérêts d'emprunt, assurance, carte grise, grosses réparations...

Finalement seules les charges liées à l'utilisation du véhicule seront déductibles (carburant, entretien) et au prorata de la quote part professionnelle (voir paragraphe Comptabilité et frais de véhicule).

Par contre, en cas de cession de votre véhicule, vous ne serez pas soumis aux plus et moins values lors de sa vente.

Si votre véhicule est inscrit dans le registre des immobilisations, il fait donc partie de votre patrimoine professionnel.

Toutes les charges de propriété (grosses réparations, intérêts d'emprunt, amortissement, assurance, carte grise et vignette) et d'utilisation du véhicule (dépenses d'entretien courant, petites réparations, loyers en cas de location ou crédit-bail, carburant, etc) sont déductibles sous réserve du prorata d'utilisation professionnelle.

De plus, le prix d'achat pourra être amorti chaque année, c'est-à-dire que la dépréciation annuelle du véhicule due à l'écoulement du temps constitue une charge déductible.

Enfin, la revente du véhicule relèvera du régime des plus ou moins-values professionnelles.

Lorsque vous louez votre véhicule en LLD ou LOA, vous n'avez pas besoin de faire ce choix car vous n'êtes pas propriétaire.

3.3 Comptabilité pour les frais de véhicule :

Une fois que vous avez déterminé votre financement et l'inscription de votre véhicule au patrimoine privé ou professionnel. Vous pouvez choisir entre les 2 modes de comptabilité possibles pour les frais de véhicule :

- Aux frais réels
- Au barème de l'indemnité kilométrique

3.3.1 Aux frais réels :

Toutes vos dépenses liées à votre véhicule seront déduites selon la quote part d'utilisation dans votre activité professionnelle.

C'est-à-dire que vous devez calculer la part d'usage professionnel pour toutes vos dépenses.

Le calcul est assez simple, sur l'année comptable choisie :

(kms pro / kms total) x 100 = % part professionnelle

Vous devez tenir un registre annuel justifiant ce nombre de kilomètres professionnels. De plus, vous devez conserver toutes les factures et justificatifs des dépenses déductibles liés à votre voiture.

Exemple:

Mme R a roulé 17 000 kms au total en 2023. Elle a réalisé 8000 kms dans son cadre professionnel:

(8000/17000) x 100 = 47% part professionnelle

Donc Mme R pourra déclarer en frais réels, 47% des dépenses déductibles suivantes:

- Carburant
- Entretien
- Réparations
- Assurances
- Accessoires automobiles
- Amortissement du véhicule
- Intérêts si emprunt bancaire
- Loyers si location
- Parking ou garage
- Péages
- Parking

Les éléments non déductibles en frais réels sont les suivants:

Tenir sa comptabilité

- Prix d'acquisition car c'est un amortissement
- Les frais de mise à disposition à l'acquisition
- GPS (supérieur à 500€ = amortissement)
- Contraventions et amendes pénales
- Caution en cas de location

C'est un travail assez fastidieux car en fin d'année comptable, il faut reprendre tous ces justificatifs et calculer le montant de la quote part pour chaque dépense.

Néanmoins, ce peut être un mode de calcul plus avantageux pour certains libéraux. Et si vous avez un logiciel ou un robot comptable, cette part se calcule automatiquement sur chaque dépense de l'année.

3.3.2 Le barème de l'indemnité kilométrique:

C'est la méthode la plus simple. Et selon le blog Indy, dans la majorité des cas, ce barème est le plus avantageux.

L'idée est simple, vous devez posséder un registre avec tous vos déplacements professionnels.

Ensuite pour chaque trajet, vous calculez le nombre de kilomètres parcouru pour ensuite les additionner sur l'année concernée.

Ces trajets peuvent justifier:

- L'aller-retour travail-domicile à hauteur de 2 x 40 kilomètres maximum par jour
- Déplacements chez les clients/patients

Libérale 2.0

- Déplacements pour tout rendez-vous professionnel

Puis en fonction de la puissance fiscale de votre véhicule, un barème forfaitaire sera appliqué sur la distance totale annuelle:

Puissance administrative (en CV)	Distance (d) jusqu'à 5 000 km	Distance (d) de 5 001 km à 20 000 km	Distance (d) au-delà de 20 000 km
3 CV et moins	d x 0,529	(d x 0,316) + 1 065	d x 0,370
4 CV	d x 0,606	(d x 0,340) + 1 330	d x 0,407
5 CV	d x 0,636	(d x 0,357) + 1 395	d x 0,427
6 CV	d x 0,665	(d x 0,374) + 1 457	d x 0,447
7 CV et plus	d x 0,697	(d x 0,394) + 1 515	d x 0,470

Fig 7.3: Barème kilométrique de 2023 - Source: service-public.fr

---

Exemple:

Prenons de nouveau le cas de Mme R, qui effectue 8000 kilomètres professionnels avec un véhicule de 5 CV en 2023.

Elle pourra dans son cas déclarer:

$$(8000 \times 0.357) + 1395 = 4\ 251€$$

Ce barème kilométrique inclus:

- Le carburant
- L'entretien
- Les pneus

- L'assurance
- Leasing
- Amortissement

Seuls les péages et les parkings pourront être déduits en frais de déplacement.

Ce mode de calcul est bien plus simple que le précédent et est majoritairement plus avantageux pour l'ensemble des libéraux.

Malgré tout, je vous encourage à faire vos propres calculs pour être sûr de faire le bon choix.

3.3.3 Le comparatif :

Effectuons un vrai comparatif avec mon cas personnel qui est spécifique puisque je parcours peu de kilomètres par an.

Mon cabinet se situe à proximité de mon domicile.

En 2023, j'ai réalisé environ 5000 kilomètres dont 1000 en trajet professionnel, soit 20% de quote part.

J'utilise une voiture en leasing sur 3 ans, c'est une citadine hybride.

Si j'utilise le barème de l'indemnité kilométrique j'obtiens 1000 x 0.636 = 636€ de déduction dans mes charges liées à mon véhicule.

Libérale 2.0

Si j'utilise cette fois l'option aux frais réels, je dois appliquer 20% à tous mes frais pour obtenir le montant total.

Ma mensualité pour mon leasing s'élève à 340€ mensuel (location, assurance et entretien compris) donc 4080€ annuelle.

Si je calcule 20% de mes loyers, j'obtiens 816€ annuel de charges. C'est donc déjà plus avantageux pour moi de passer en frais réels sans ajouter en plus, les frais de carburant.

Je vais donc déclarer en frais réels les charges de mon véhicule.

A vous de jouer!

3.4 Conclusion:

Pour optimiser votre choix sur les frais de véhicule, il va falloir faire quelques calculs et étudier sérieusement la question.

Selon le blog Indy, il existe des cas particuliers avec des choix prédéfinis:

- Ainsi, si vous parcourez énormément de kilomètres par an, mieux vaut acheter votre véhicule et l'inscrire dans votre registre professionnel pour l'amortissement.

- Si au contraire vous parcourez peu de kilomètres et que vous souhaitez un véhicule plutôt haut de gamme ou électrique/hybride, la LLD est plus avantageuse (c'est mon cas).

- Et si vous roulez peu mais que vous voulez un véhicule entrée de gamme, la LOA peut s'avérer plus judicieuse. Cette dernière est déconseillée sur les véhicules haut de gamme car le coût final du véhicule est largement supérieur à son prix de vente initial.

Cela peut vous donner quelques pistes, selon votre cas.

Une fois que vous aurez choisi le mode de financement, il faudra passer au choix de comptabilité entre indémnité kilométrique et frais réels. Faites le même calcul que pour mon cas personnel et optez pour le plus avantageux des 2 modes.

4-Le calendrier fiscal :

Chaque année c'est le même rituel, vous recevez le mail des impôts ou le courrier de votre AGA vous annonçant la date limite du dépôt de votre dossier comptable.

Généralement cette alerte arrive en février et la date limite se situe en avril/mai.

Vous avez donc environ 2 mois pour réaliser la clôture de votre comptabilité (2035) pour l'année précédente.

Si vous possédez une AGA, elle réalisera l'expertise de votre dossier comptable, reviendra vers vous si nécessaire et clôturera votre activité de l'année précédente. Elle enverra finalement votre 2035 début mai à l'administration fiscale. Si vous faites partie d'une SCM, vous avez le même timing pour envoyer votre 2036.

Si vous n'avez pas d'AGA, il faudra envoyer votre déclaration directement au service des impôts professionnels de votre région.

A partir de mai, vous pourrez ensuite compléter votre déclaration d'impôts sur le revenu pour votre foyer (2042).

Il faudra donc reporter votre bénéfice calculé sur votre 2035, dans la case correspondant à votre régime comptable "déclaration contrôlée". Ou votre chiffre d'affaires annuel dans la case "Mirco-BNC", si vous êtes micro-entrepreneur.

Puis quelques mois plus tard, l'administration fiscale vous enverra votre avis d'impôts définitif (2042 et 2042-C PRO).

Il vous permettra de justifier vos revenus pour un emprunt bancaire ou une location d'appartement, par exemple. Vous l'aurez compris, en libéral il n'existe pas de fiches de paie.

Maintenant que nous avons abordé l'aspect comptable de l'activité libérale. Il est intéressant de comprendre comment sont calculées les cotisations sociales obligatoires qui nous sont prélevées (URSSAF et Retraite). Mais également de connaître leur utilité en cas de pépin et si elles sont suffisantes pour la protection du libéral.

Comprendre les cotisations obligatoires

Lorsque vous déclenchez votre immatriculation au régime réel de la déclaration contrôlée, vous recevez automatiquement des courriers de tous les organismes sociaux (Urssaf et caisse de retraite). Ces derniers vous demanderont des cotisations sociales provisionnelles qui s'ajusteront après votre premier bilan comptable.

Si vous débutez en micro-entreprise, vous devez renseigner mensuellement ou trimestriellement vos revenus sur une plateforme unique, le service autoentrepreneur. C'est grâce à cette dernière que toutes vos cotisations sociales seront calculées et prélevées (Urssaf et retraite).

Mais finalement:

- A quoi servent toutes ces cotisations?
- Comment sont-elles calculées?
- A quoi doit-on s'attendre pour la protection sociale?
- Est-ce suffisant?

C'est le sujet de ce chapitre, analyser et comprendre les prélèvements obligatoires.

Car la plupart des libéraux payent leurs cotisations sociales obligatoires sans véritablement savoir ce qui se cache derrière.

Libérale 2.0

Savez-vous par exemple, que vous cotisez pour la formation professionnelle et que vous avez le droit de vous inscrire à certaines formations prises en charge par ce fond?

1-L'Urssaf:

L'Union de Recouvrement pour la Sécurité Sociale et les Allocations Familiales regroupe plusieurs fonctions pour les professions libérales.

Cet organisme exige différentes cotisations obligatoires:

1. Les allocations familiales
2. La maladie et le congé Maternité/Paternité
3. les contributions CSG et CRDS
4. La Contribution à la Formation Professionnelle (CFP)
5. Contribution CURPS (uniquement dans la santé)

L'Urssaf garantit son financement en collectant les cotisations et les contributions ainsi qu'en les distribuant aux organismes sociaux qui assurent le versement de prestations sociales à tous.

Ce système permet à tous les citoyens de bénéficier de prestations en fonction de leurs besoins et à tous les moments de la vie:

- Remboursement de soins médicaux
- Allocation de rentrée scolaire
- Congés maternité/paternité
- Hospitalisation...

Comprendre les cotisations obligatoires

Il permet aussi de financer des infrastructures comme les hôpitaux, les crèches, les transports en communs...

Les taux de cotisations que nous allons observer sont valables pour les libéraux en déclaration contrôlée au régime réel.

Ceux qui sont en micro-entreprise paient un taux standard de 22.2% pour leur Urssaf et leur retraite. Évidemment, comme ces derniers sont moins taxés qu'au régime réel, ils prétendent également à des prestations plus faibles, notamment pour leur retraite.

1.1 Les Allocations Familiales:

La cotisation allocations familiales va permettre de financer:

- L'allocation de rentrée scolaire
- Les allocations de soutien familial, notamment pour les familles monoparentales
- L'action sociale avec des aides pour les vacances et les centres de loisirs
- Un appui financier pour la garde d'enfants avec le complément de mode de garde
- Des infrastructures sociales comme les crèches

10% des cotisations prélevées par l'Urssaf sont redistribuées dans cette catégorie.

Calcul du taux de prélèvement en 2023 en déclaration contrôlée:

Libérale 2.0

- Pour les revenus inférieurs à 48 391€, le taux est de 0 %
- Pour les revenus compris entre 48 391 et 61 589€, le taux est progressif entre 0 % et 3,10 %
- Pour les revenus supérieurs à 61 589€, le taux est fixé à 3,10 %

1.2 Maladie et congé Maternité/Paternité:

Cette cotisation permet de subventionner:

- Les indemnités en cas d'arrêt maladie
- Les indemnités journalières durant un congé maternité/paternité
- Les remboursements des différents soins: visite chez le médecin généraliste, achats des médicaments, hospitalisation...
- Les infrastructures sociales comme les hôpitaux ou encore les établissements médicalisés pour personnes âgées et handicapées
- Une prise en charge à 100 % des frais médicaux lors d'un accident du travail ou d'une maladie professionnelle reconnue comme telle
- Des indemnités en cas d'accident du travail ou de maladie professionnelle pour compenser la perte des revenus

Pour information c'est la Caisse Primaire d'Assurance Maladie (CPAM) qui se charge des indemnisations en cas de Maladie-Maternité/Paternité. Mais c'est l'URSSAF qui collecte toujours ces cotisations.

Comprendre les cotisations obligatoires

Depuis le 1er Juillet 2021, les professions libérales peuvent bénéficier d'indemnités journalières maladie en cas d'arrêt de travail, ce qui n'était pas le cas auparavant.

44% des cotisations sociales collectées par les URSSAF sont versées à l'Assurance Maladie, puis redistribuées sous forme de prestations sociales.

Calcul du taux de prélèvement en 2023 en déclaration contrôlée:

- Pour les revenus inférieurs à 17 597 €, taux à 0 %
- Pour les revenus compris entre 17 597 et 26 395 € le taux augmente progressivement entre 0 et 4 %
- Pour les revenus entre 26 395 et 48 391 €, le taux est progressif entre 4 % et 6,50 %
- pour les revenus supérieurs à 48 391 €, le taux est fixé à 6,50 %

Aparté sur le congé maternité et paternité:

Aujourd'hui en France, voici comment sont pris en charge les cas de congés Maternité/Paternité des libéraux par la sécurité sociale.

1.2.1 Le congé maternité:

Il faut justifier de 10 mois d'affiliation à la date prévue de votre accouchement pour pouvoir prétendre à cette indemnité. Et sous réserve de cesser toute activité professionnelle pendant la période de perception, pendant au moins 8 semaines dont 6 après l'accouchement. Vous pourrez alors percevoir:

- Une allocation forfaitaire de repos maternel
- Des indemnités journalières

L'allocation forfaitaire de repos maternel est versée pour moitié au début du congé et pour moitié à la fin de la période obligatoire de cessation d'activité de 8 semaines.

Sauf si l'accouchement a lieu avant la fin du 7ème mois de grossesse. Dans ce cas, la totalité de l'indemnité est versée à l'accouchement.

Son montant est égal à la valeur mensuelle du plafond de la sécurité sociale en vigueur à la date du premier versement, soit 3 666€ au 1er janvier 2023.

Les indemnités journalières sont versées pour chaque jour non travaillé, à condition de s'arrêter minimum 8 semaines dont 6 après l'accouchement.

Leur montant est calculé en fonction de vos revenus déclarés et transmis par vos URSSAF. Il ne peut être supérieur à 1/730 de la valeur annuelle du plafond de la sécurité sociale en vigueur à la date prévue du premier versement, soit 61,05€/jour au 1er janvier 2023.

Pour information les indemnités journalières sont considérées comme des revenus professionnels et sont donc imposables.

La durée du congé maternel est différente en fonction des cas. Voici le tableau récapitulatif pour 2023:

Situation familiale	Durée du congé prénatal	Durée du congé postnatal	Durée totale du congé maternité
Vous attendez votre premier enfant	6 semaines	10 semaines	16 semaines
Vous attendez un enfant et vous avez déjà un enfant à charge (1)	6 semaines	10 semaines	16 semaines
Vous attendez un enfant et vous avez déjà au moins deux enfants à votre charge (1)	8 semaines	18 semaines	26 semaines
Vous attendez des jumeaux	12 semaines	22 semaines	34 semaines
Vous attendez des triplés ou plus	24 semaines	22 semaines	46 semaines

Fig 8.1: Durée du congé maternité pour une libérale - Source : Ameli.fr

1.2.2 Le congé paternité:

Les pères qui travaillent en libéral peuvent prétendre, eux aussi, à une indemnité pour un congé paternité.

Pour cela, ils doivent également être affiliés depuis plus de 10 mois au moment de la naissance et cesser totalement leur activité pendant la période du congé paternité.

La durée du congé paternité et d'accueil de l'enfant est de :

- 25 jours pour la naissance d'un enfant
- 32 jours en cas de naissances multiples

De manière automatique, votre congé paternité débute le jour de l'accouchement de votre enfant. Vous pouvez alors enchaîner les 25 jours après la naissance de votre enfant ou fractionner ce congé.

Dans ce cas, vous serez dans l'obligation de poser 7 jours après l'accouchement puis il vous restera 18 jours, en cas de naissance simple.

Cette seconde période peut être fractionnée en 3 parties, avec un minimum de 5 jours à chaque fois. Et elle doit apparaître dans les 6 premiers mois de l'enfant.

Au titre de ce congé de paternité et d'accueil de l'enfant, vous pouvez bénéficier d'une indemnité journalière forfaitaire de 61,05€ par jour (au 1er janvier 2023).

1.3 Les contributions CSG et CRDS :

La CSG (Contribution Sociale Généralisée) permet de financer l'assurance maladie, les retraites et les prestations familiales. Elle participe également au financement de la caisse nationale de solidarité pour l'autonomie et de la caisse d'amortissement de la dette sociale.

Tandis que la CRDS (Contribution au Remboursement de la Dette Sociale) est affectée uniquement au financement de la caisse d'amortissement de la dette sociale afin de résorber l'endettement de la sécurité sociale.

Comprendre les cotisations obligatoires

La CSG et la CRDS sont dues quel que soit le montant du revenu professionnel. Ces deux contributions sont souvent regroupées, car elles présentent de nombreuses similitudes. On parle plus communément de CSG-CRDS.

Calcul du taux de prélèvement en 2023 en déclaration contrôlée:

- CSG : 9,20 %
- CRDS : 0,50 %

Si vous êtes titulaire de l'aide aux chômeurs, créateurs ou repreneurs d'entreprise (ACRE), l'exonération de cotisations ne porte pas sur la CSG-CRDS qui reste due.

Le montant de la CSG acquittée est déductible de votre revenu d'activité imposable à hauteur de 6,80 %.

1.4 La CFP:

La Contribution à la Formation Professionnelle permet aux libéraux de financer leurs formations continues, rattachées à leur activité.

Pour la majorité des cas, c'est le fond interprofessionnel de formation des professions libérales (FIF-PL) qui gère la prise en charge des formations.
Pour les médecins, il s'agit du fond d'assurance formation de la protection médicale (FAF-PM).

Pour pouvoir profiter de la prise en charge de votre future formation, il est impératif d'avoir réglé la CFP.

Les organismes qui gèrent les demandes peuvent savoir en temps réel si vous avez bien acquitté votre CFP. Si ce n'est pas le cas, ils refuseront systématiquement la prise en charge de votre formation.

Chaque année, l'Urssaf vous délivre une attestation justifiant de votre droit à la formation professionnelle auprès des organismes de formation.

Les critères de prise en charge sont déterminés annuellement par les représentants professionnels de chaque métier. Ces derniers définissent une liste de thèmes de formation susceptibles de faire l'objet d'une prise en charge.

Donc pour pouvoir bénéficier de la prise en charge d'une formation, il faut que :

- Vous soyez à jour de votre règlement CFP
- Vous soyez inscrit en ligne au FIF-PL ou au FAF-PM
- Votre demande en ligne se fasse au plus tard, 10 jours après le 1er jour de formation

Calcul du taux de prélèvement en 2023 en déclaration contrôlée:

La CFP est une contribution forfaitaire. Si vous travaillez seul, vous serez redevable de 110€ en 2023. Si vous travaillez avec votre conjoint, ce montant augmente pour atteindre 150€.

Si vous bénéficiez d'une exonération dans le cadre de l'aide à la création ou à la reprise d'entreprise (ACRE), vous devez toutefois régler la CFP.

Comprendre les cotisations obligatoires

1.5 La CURPS :

Les professions libérales de santé sont représentées par des unions régionales de professionnels de santé qui contribuent à l'organisation et à l'évolution de l'offre de santé au niveau régional.

Ces unions sont financées par une contribution gérée par l'Urssaf : la Contribution aux Unions Régionales des Professionnels de Santé (CURPS).

Sont redevables de la contribution, les professionnels libéraux en activité :

- Médecins généralistes conventionnés
- Médecins spécialistes
- Médecins à honoraires libres (secteur 2)
- Chirurgiens-dentistes
- Sages-femmes
- Infirmiers
- Masseurs-kinésithérapeutes
- Pédicures-podologues
- Orthophonistes
- Orthoptistes
- Les directeurs de laboratoire
- Les pharmaciens exerçant à titre libéral

Calcul du taux de prélèvement en 2023 en déclaration contrôlée :

- 0,50 % pour les médecins
- 0,30 % pour les chirurgiens dentistes, pharmaciens et directeurs de laboratoire

- 0,10% pour les infirmiers, masseurs kinésithérapeutes, pédicures-podologues, sages femmes, orthophonistes et orthoptistes

Le montant de la contribution ne peut excéder 220€ pour 2023, soit 0,50 % du montant de la valeur annuelle du plafond de la Sécurité sociale (PASS) en vigueur au 1er janvier de chaque année.

1.6 Conclusion Urssaf:

Maintenant que nous avons terminé d'expliquer les différentes cotisations liées à l'Urssaf, sachez que cette couverture obligatoire ne prend pas toujours en charge les risques d'accidents de travail ainsi que le trajet domicile-travail, ni les maladies professionnelles.

C'est pour cela que l'Urssaf propose également une assurance volontaire couvrant ces différents risques. C'est donc une cotisation facultative.

La demande doit se faire auprès de la CPAM avec un formulaire spécifique (Cerfa 11227*03)

Cette cotisation optionnelle ressemble énormément aux contrats de prévoyance que proposent les organismes privées. Il faudra donc comparer les prestations et les prix pour faire son choix.

Pour finir, voici un tableau récapitulatif de toutes les cotisations Urssaf redevables pour le régime de la déclaration contrôlée:

Comprendre les cotisations obligatoires

Cotisation	Base de calcul	Taux
Maladie – maternité (maladie 1)	Revenus inférieurs à 17 597 € [1]	0 %
	Revenus compris entre 17 597 € ([1]) et 26 395 € [2] inclus	Taux progressif de 0 % à 4 %
	Revenus supérieurs à 26 395 € [2] € jusqu'à 48 391 € [3]	Taux progressif de 4 % à 6,50 %
	Revenus supérieurs à 48 391 € [3]	6,50 %
Maladie 2 (indemnités journalières)	Dans la limite de 131 976 € [4]	0,30 %
Allocations familiales	Pour les revenus inférieurs à 48 391 € [3]	0 %
	Pour les revenus compris entre 48 391 € [1] et 61 589 € [5]	taux progressif : entre 0 % et 3,10 %
	Pour les revenus supérieurs à 61 589 € [5]	3,10 %
CSG-CRDS	Totalité du revenu de l'activité non salariée + cotisations sociales obligatoires	9,70 %
Formation professionnelle	Sur la base de 43 992 € [6]	0,25 % [8]

Fig 8.2: Répartition des prélèvements URSSAF en 2023 - Source: Ameli.fr

2-Votre Caisse de retraite:

Toute profession libérale est soumise à 2 types de cotisations obligatoires pour sa retraite:

- la retraite de base
- la retraite complémentaire

Libérale 2.0

Pour la retraite de base, nous sommes tous rattachés à la Caisse Nationale d'Assurance Vieillesse des Professions Libérales (CNAVPL).

Pour notre retraite complémentaire, nous sommes reliés à une des 10 caisses de retraites existantes et correspondant à notre profession.

Ces dernières assurent pour le compte de la CNAVPL, le recouvrement des cotisations du régime d'assurance vieillesse de base. Elles gèrent également un ou plusieurs régimes complémentaires obligatoires ayant pour objet le service de pensions de vieillesse complémentaire ou la couverture des risques invalidité et décès.

Observons ensemble les 10 caisses de retraite complémentaires existantes:

1. **CIPAV**: architecte, architecte d'intérieur, économiste de la construction, maître d'œuvre, géomètre expert, ingénieur conseil, moniteur de ski, guide de haute montagne, accompagnateur de moyenne montagne, ostéopathe, psychologue, psychothérapeute, ergothérapeute, diététicien, chiropracteur, psychomotricien, artiste non affilié à la maison des artistes, expert en automobile, expert devant les tribunaux, guide-conférencier

2. **CAVEC**: expert comptable et commissaire aux comptes

3. **CAVAMAC**: agent général d'assurance

4. **CARMF**: médecin de France

5. **CARCDSF**: chirurgien dentiste et sage femme

Comprendre les cotisations obligatoires

6. **CAVP**: pharmacien
7. **CARPIMKO**: infirmier, masseur-kinésithérapeute, pédicure-podologue, orthophoniste, orthoptiste
8. **CARPV**: vétérinaire
9. **CPRN**: notaire
10. **CAVOM**: officier ministériel

Attention, pour les avocats, il existe une caisse de retraite indépendante de la CNAVPL, il s'agit de la CNBF.

2.1 Comment fonctionne la retraite de base?

La cotisation retraite de base obligatoire relève donc de la CNAVPL et est calculée sur vos revenus d'activité.

Cependant, vous réglez vos cotisations de base et complémentaires à la même caisse, celle en lien avec votre profession.

Pour la retraite de base, il existe 3 tranches, classées en fonction des revenus:

- Cotisation minimale en 2023: 511€
- Tranche 1 = 8,23% des revenus de 0 à 43 992€
- Tranche 2 = 1,87% des revenus allant de 0 à 219 960€

En pratique, vous payez donc 10,10% (8,23% + 1,87%) jusqu'au PASS (43 992€) et 1,87 % ensuite.

Libérale 2.0

> **Exemple:**
>
> Prenons un libéral qui déclare 60 000€ de chiffre d'affaires annuel:
>
> T1 = 8,23% de 43 992€ soit 3620€
>
> T2 = 1,87% de 60 000€ = 1122€
>
> Au total, il paiera donc l'addition de ces 2 tranches soit 4742,€ pour sa retraite de base annuelle.

Les cotisations sont calculées chaque année à titre provisionnelles, sur l'avant dernière année. Puis quand le revenu annuel est définitivement connu, une régularisation est effectuée par votre caisse de retraite.

Lorsque vous commencez votre activité, votre caisse de retraite vous prélève un montant forfaitaire en fonction de votre catégorie professionnelle.

2.2 Et la retraite complémentaire ?

Comme dit précédemment, il existe aujourd'hui pour les professions libérales, 10 caisses de retraite distinctes.

Dans cette partie, nous allons étudier successivement chaque caisse. Evidemment, reportez-vous à celle qui correspond à votre profession. Nul besoin d'avoir les détails sur toutes les caisses de retraite des libéraux, à moins que vous soyez vraiment très curieux!

Comprendre les cotisations obligatoires

1. **La CIPAV:** La Caisse Interprofessionnelle de Prévoyance et d'Assurance Vieillesse représente la majeure partie des libéraux (énoncés plus haut).

Les cotisations de la retraite complémentaire de la CIPAV sont calculées grâce à un taux en fonction de votre tranche de revenus.

Chaque année, les cotisations que vous versez sont converties en points qui sont inscrits sur votre compte adhérent CIPAV.

C'est la somme de ces points multipliée par la valeur du point qui permet de déterminer le montant de votre retraite.

Voici le tableau qui récapitule les 2 classes de cotisation en fonction des revenus:

COTISATIONS	BASE DE CALCUL	TAUX
RETRAITE COMPLÉMENTAIRE	Revenus inférieurs ou égaux à 43 992 € (1 PASS). Pas d'assiette minimale.	9 %
	Revenus compris entre 43 992 € et 131 976 € (entre 1 PASS et 3 PASS).	22 %
INVALIDITÉ-DÉCÈS	Revenus inférieurs ou égaux à 81 385 € (1,85 PASS). Assiette minimale : 16 277 € (37% du PASS).	0,5 %

Fig 8.3: Tableau de classification des cotisations CIPAV - Source: Lacipav.fr

Libérale 2.0

De plus, la CIPAV gère aussi une cotisation obligatoire d'invalidité-décès, type prévoyance.

Elle permettra de vous indemniser en cas d'invalidité ou de permettre à vos proches de bénéficier d'un capital décès, d'une rente de survie ou encore d'une rente orphelin en cas de disparition.

2. La CAVEC:

La Caisse d'Assurance Vieillesse des Experts Comptables et des commissaires aux comptes demande 2 cotisations distinctes à chaque affilié, en complément de la retraite de base:

- La retraite complémentaire
- La prévoyance

Pour la retraite complémentaire, vous cotisez dans l'une des 8 classes correspondant à votre revenu professionnel de l'année N-1.

Ou vous pouvez opter pour la classe immédiatement supérieure et ainsi cumuler des points de retraite supplémentaires.

Concernant la prévoyance, vous cotisez dans l'une des 4 classes correspondant à votre revenu professionnel de l'année N-1. Ou bien, vous pouvez choisir la classe immédiatement supérieure et ainsi être mieux couvert.

Comprendre les cotisations obligatoires

Classes de cotisation	Montant de vos revenus nets non salariés 2022	Montant de votre cotisation 2023	Points attribués (valeur du point servi en 2023 : 1,2672€)	Cotisation facultative de conjoint (pour 100% de taux de réversion)
Classe A	De 0€ à 16 190€	711€	48 points	213€
Classe B	De 16 191€ à 32 350€	2 667€	180 points	800€
Classe C	De 32 351€ à 44 790€	4 207€	284 points	1 262€
Classe D	De 44 791€ à 64 560€	6 578€	444 points	1 973€
Classe E	De 64 561€ à 79 040€	10 489€	708 points	3 147€
Classe F	De 79 041€ à 94 850€	16 000€	1 080 points	4 800€
Classe G	De 94 851€ à 132 780€	17 778€	1 200 points	5 333€
Classe H	Au-delà de 132 780€	22 223€	1 500 points	6 667€

Fig 8.5: Répartition des classes de cotisations Cavec - Source: Cavec.fr

Classes	Revenus nets non salariés en 2022	Montant de la cotisation 2023
Classe 1	De 0 € à 16 190 €	288 €
Classe 2	De 16 191 € à 44 790 €	396 €
Classe 3	De 44 791 € à 79 040 €	612 €
Classe 4	Au-delà de 79 040 €	828 €

Fig 8.6: Prévoyance de la Cavec - Source: Cavec.fr

3. La CAVAMAC:

La Caisse d'Assurance Vieillesse des Agents généraux et des Mandataires non salariés d'Assurance et de Capitalisation demande la cotisation à 2 régimes en plus de la retraite de base:

Libérale 2.0

- Le régime complémentaire de retraite
- La prévoyance pour l'invalidité et décès

A la différence des cotisations de retraite de base assises sur votre revenu professionnel, vos cotisations de retraite complémentaire (RCO à 6,30%) et d'invalidité-décès (RID à 0,7%) sont calculées sur la base de vos commissions et rémunérations brutes réalisées l'année précédente.

Régimes complémentaire RCO et Invalidité décès RID
Taux de cotisations 2023

	RCO	RID
Assiette des cotisations	Les commissions et rémunérations brutes déclarées aux Contributions Directes pour l'année précédente dans la limite d'un plafond (550.521 €) *	
Taux de cotisations créateur de droits	6,30 %	0,7 %
Concours conventionnel des compagnies mandantes	2,50 % des commissions brutes plafonnées	Aucun
Taux d'appel	121,6 %	100 %
Taux de cotisation effectif	7,66 %	0,7 %

* **Hormis la 1ère année :** L'assiette prise en compte est égale au PASS (43 992 €) et proratisée à effet du 1er jour du mois de votre nomination.

Fig 8.7: Cotisations de la CAVAMAC - Source: cavamac.fr

4. La CARMF:

L'affiliation à la Caisse Autonome de Retraite des Médecins de France est obligatoire pour tout médecin effectuant une activité libérale.

Comprendre les cotisations obligatoires

Elle représente 3 cotisations différentes, en plus de celle du régime de base :

- La complémentaire vieillesse
- L'allocation supplémentaire de vieillesse
- L'invalidité-décès

La complémentaire vieillesse est proportionnelle aux revenus nets d'activité annuelle, indépendante et plafonnée à 3.5 fois le PASS. Elle représente 10% du revenu annuel du médecin.

L'allocation supplémentaire de vieillesse (ASV) est composée d'une part forfaitaire de 5 622€ et d'une part d'ajustement de 3,80 % des revenus conventionnels de l'avant-dernière année dans la limite de 5 PASS.

Si vous exercez en secteur 1, les deux tiers de la cotisation sont pris en charge par les caisses maladie.
Si vous exercez en secteur 2, vous réglez la totalité de ces cotisations.

Enfin la cotisation invalidité-décès comporte trois classes forfaitaires dont le montant est déterminé en fonction de vos revenus nets d'activité indépendante de l'avant-dernière année.

Libérale 2.0

Régimes	Base de calcul des cotisations	Taux et montants Médecins	Caisses maladies
Base (provisionnel)[1] revenus nets d'activité indépendante 2021 [2] - tranche 1 : jusqu'à 43 992 € (1 PASS) [3] - tranche 2 : jusqu'à 219 960 € € (5 PASS)		8,23 % 1,87 %	- -
Complémentaire vieillesse Revenus nets d'activité indépendante 2021 dans la limite de 153 972 € (3,5 PASS)		10 %	-
ASV Part forfaitaire : - secteur 1 - secteur 2 Part ajustement sur le revenu conventionnel de 2021 plafonné à 219 960 € (5 PASS) : - secteur 1 - secteur 2		1 874 € 5 622 € 1,2667 % 3,80 %	3 748 € - 2,5333 % 0 %
Invalidité-décès Revenus nets d'activité indépendante 2021 Classe A : revenus < à 43 992 € (1 PASS) Classe B : revenus ≥ à 43 992 € (1 PASS) et < à 131 976 € (3 PASS) Classe C : revenus ≥ à 131 976 €		631 € 712 € 828 €	- - -

Fig 8.8: Cotisations de la Carmf - Source: carmf.fr

5. La CARCDSF:

La Caisse Autonome de Retraite des Chirurgiens-Dentistes et des Sages-Femmes regroupe plusieurs cotisations obligatoire en supplément de la retraite de base:

- Le régime complémentaire
- Le régime des prestations complémentaires de vieillesse
- Le régime invalidité décès

Comprendre les cotisations obligatoires

Le régime complémentaire est divisé en 2 parts:

- Une forfaitaire annuelle de 2 959,80€ en 2023
- Une proportionnelle pour les revenus compris entre 37 393 et 219 960€, correspondant à un taux de prélèvement de 10,80%.

Cette cotisation est aussi bien valable pour les chirurgiens-dentistes que pour les sages-femmes.

Ensuite il y a une différenciation pour les 2 autres cotisations entre ces 2 professions.

Le régime des prestations complémentaires de vieillesse (PCV) pour les chirurgiens-dentistes fonctionne de la même manière:

- Une part forfaitaire de 1 544,36€ en 2023
- Une part proportionnelle à 0,725% pour les revenus de 0 à 219 960€.

Tandis que pour les sages-femmes, cette cotisation PCV est fixée forfaitairement à 260€.

Enfin le régime invalidité-décès est composé en 2023 d'un forfait de:

- 1 235€ pour les chirurgiens-dentistes
- 280,80€ pour les sages-femmes

Libérale 2.0

RÉGIME	NATURE DE LA COTISATION	ASSIETTE DES REVENUS	ASSIETTE MAXIMALE	TAUX	COTISATION
RBL	Proportionnelle	Tranche 1 : de 0 € à 43 992 €	43 992 €	8,23 %	3 621,00 €
		Tranche 2 : de 0 € à 219 960 €	219 960 €	1,87 %	4 113,00 €
RC	Forfaitaire				2 959,80 €
	Proportionnelle	De 37 393 € à 219 960 €	182 567 €	10,80 %	19 717,00 €
PCV CD	Forfaitaire				1 544,36 €
	Proportionnelle	De 0 € à 219 960 €		0,725 %	1 547,00 €
PCV SF	Forfaitaire				260,00 €
RID CD	Forfaitaire				1 235,00 €
RID SF	Forfaitaire				280,80 €

Fig 8.9: Cotisations de la Carcdsf - Source: carcdsf.fr

6. La CAVP:

La Caisse d'Assurance Vieillesse des Pharmaciens possède également 3 cotisations supplémentaires à la retraite de base:

- La retraite complémentaire
- Les prestations complémentaires de vieillesse
- L'invalidité-décès

La cotisation de la retraite complémentaire est divisée en 2 parts:

- Une forfaitaire de 6 530€ en 2023
- Une part proportionnelle à vos revenus, répartis en 11 classes:

Comprendre les cotisations obligatoires

Revenu de référence (R)	R inférieur ou égal à 74 559 €	R compris entre 74 560 € et 89 985 €	R compris entre 89 986 € et 105 411 €	R compris entre 105 412 € et 120 837 €	R compris entre 120 838 € et 136 263 €	R compris entre 136 264 € et 151 689 €
CLASSE	3	4	5	6	7	8
Part gérée par répartition	6 530 €	6 530 €	6 530 €	6 530 €	6 530 €	6 530 €
Part gérée par capitalisation	2 612 €	3 918 €	5 224 €	6 530 €	7 836 €	9 142 €
Montant annuel de cotisation	9 142 €	10 448 €	11 754 €	13 060 €	14 366 €	15 672 €

Revenu de référence (R)	R compris entre 151 690 € et 167 115 €	R compris entre 167 116 € et 182 541 €	R compris entre 182 542 € et 197 967 €	R compris entre 197 968 € et 213 393 €	R au-delà de 213 393 €
CLASSE	9	10	11	12	13
Part gérée par répartition	6 530 €	6 530 €	6 530 €	6 530 €	6 530 €
Part gérée par capitalisation	10 448 €	11 754 €	13 060 €	14 366 €	15 672 €
Montant annuel de cotisation	16 978 €	18 284 €	19 590 €	20 896 €	22 202 €

Fig 8.10: Cotisations Retraite complémentaire de la Cavp - Source: cavp.fr

Les prestations complémentaires de vieillesse se découpent en 2 parts:

- Une forfaitaire, la cotisation versée par le biologiste est égale à 637€. Celle versée par l'Assurance-maladie s'élève à 1 274€.

- Une proportionnelle, la cotisation versée par le biologiste est égale à 0,60 % du revenu plafonné à 219 960€ et une cotisation équivalente est versée par l'Assurance-maladie.

Enfin la cotisation invalidité-décès est forfaitaire. Elle s'élève à 648€ en 2023.

7. La CARPIMKO:

La Caisse Autonome de Retraite et de Prévoyance des Infirmiers, des Masseurs-Kinésithérapeutes, des pédicures-podologues, des Orthophonistes et des orthoptistes prélèvent 3 cotisations en plus du régime de base:

- La retraite complémentaire
- L'invalidité-décès
- L'avantage social vieillesse (ASV)

Le régime complémentaire se calcule avec une part forfaitaire et une proportionnelle:

- Part forfaitaire de 1 944€ en 2023
- Part proportionnelle de 3% des revenus pour les adhérents déclarant entre 25 246 et 203 446€ à l'année N-1 en 2023

L'invalidité-décès est une cotisation forfaitaire unique de 862€ pour 2023.

L'avantage social vieillesse possède aussi une part forfaitaire et une part proportionnelle, mais vous serez aider par la CPAM pour régler cette cotisation:

- La part forfaitaire est de 634€ en 2023, l'affilié réglera 211€ sur ce montant, le reste sera prise en charge par la CPAM.
- La part proportionnelle représente 0,40% des revenus conventionnés, l'affilié payera 40% de

Comprendre les cotisations obligatoires

ce montant, les 60% restants seront pris en charge à nouveau par la CPAM.

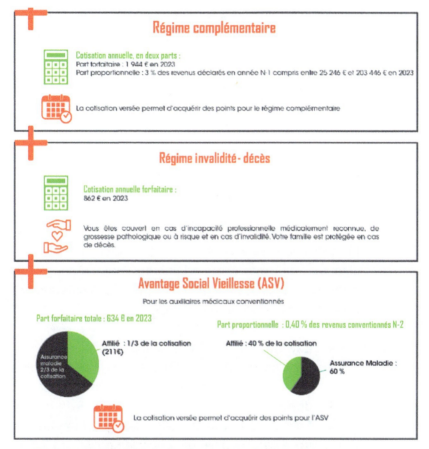

Fig 8.11: Cotisations de la Carpimko - Source: Carpimko.com

8. La CARPV :

La Caisse Autonome de Retraite et de Prévoyance des Vétérinaires comporte :

Libérale 2.0

- Le régime complémentaire (RC)
- L'invalidité-décès (RIV)

Le régime complémentaire est organisé en 3 classes forfaitaires différentes en fonction des revenus du cotisant:

Classe de cotisation	Assiette des cotisations	Cotisation annuelle en 2022
Classe B	jusqu'à 67 589 €	8 059,84 €
Classe C	comprise entre 67 590 € et 90 120 €	10 074,80 €
Classe D	à partir de 90 121 €	12 089,76 €

Fig 8.12: Cotisations de la Carpv pour le régime complémentaire - Source: Carpv.fr

La cotisation d'invalidité-décès est aussi divisée en 3 classes de manière forfaitaire. Mais pour cette dernière, c'est vous qui faites le choix de la catégorie et non votre déclaration de revenus:

- La classe minimum est obligatoire
- La classe médium offre des garanties doubles de la classe minimum pour une cotisation double
- La classe maximum offre des garanties triples de la classe minimum pour une cotisation triple

Classe	Tarif normal	Tarif spécial (vétérinaire ayant moins de 35 ans à l'installation)
Minimum	390,00 €	390,00 €
Médium	780,00 €	647,40 €
Maximum	1 170,00 €	780,00 €

Fig 8.13: Cotisations Invalidité/Décès de la Carpv - Source: Carpv.fr

9. La CPRN:

La Caisse de Prévoyance et de Retraite des Notaires gère 2 cotisations distinctes:

- La retraite complémentaire
- L'invalidité-décès

La retraite complémentaire fonctionne en 2 sections, la section B et C.

- La section B:

    Les cotisations sont déterminées en fonction des produits du notaire.

    Chaque classe correspond à une tranche de produits (moyenne 3 ans).

- La section C:

    Elle s'élève à 4,10% de la moyenne des produits de base de l'office réalisés pendant les années n-4, n-3 et n-2.

    Pour les notaires associés, le calcul des cotisations est effectué au prorata des parts respectives dans les bénéfices.

Libérale 2.0

Classe de cotisation	Cotisation annuelle	Nombre de points annuels
1	2 600 €	10
2	5 200 €	20
3	7 800 €	30
4	10 400 €	40
5	13 000 €	50
6	15 600 €	60
7	18 200 €	70
8	20 800 €	80

Fig 8.14: Cotisations Retraite complémentaire, section B de la Cprn - Source: Cprn.fr

Le régime invalidité décès est obligatoire depuis 2017 pour les notaires. C'est un forfait qui s'élève à 1176€ en 2023.

10. La CAVOM:

La Caisse d'Assurance Vieillesse des Officiers Ministériels, des officiers publics et des compagnies judiciaires se décompose en 2 régimes:

- La retraite complémentaire
- L'invalidité-décès

Comprendre les cotisations obligatoires

La retraite complémentaire est calculée de manière proportionnelle égale à 12,5% du revenu d'activité non-salarié dans la limite de huit fois le plafond de la sécurité sociale.

La cotisation minimale en 2023 est de 7 816€.

Concernant le régime invalidité-décès, il existe 4 classes de cotisations. A défaut de choix, vous cotiserez en classe B.

CLASSE	COTISATION MONTANT
A	350 €
B	2 x 350 € = 700 €
C	4 x 350 € = 1 400 €
D	6 x 350 € = 2 100 €

Fig 8.15: Régime invalidité:décès à la Cavom - Source: Cavom.net

11. La CNBF:

La Caisse Nationale des Barreaux Français est la seule caisse de retraite qui n'est pas associée à la CNAVPL.

Les avocats non-salariés vont donc cotiser à cette caisse pour:

- La retraite de base
- La retraite complémentaire
- L'invalidité-décès

La retraite de base est scindée en 2 :

- Une cotisation forfaitaire calculée en fonction d'une grille d'ancienneté d'exercice à compter de la première inscription au Barreau

- Une cotisation proportionnelle provisionnelle calculée sur le plafond de la Sécurité sociale, pour l'avocat en première et deuxième année d'exercice ou sur le revenu professionnel de l'avant-dernière année civile

COTISATION FORFAITAIRE (+7%)	
1ère année	324 €
2ème année	651 €
3ème année	1 021 €
4ème année	1 390 €
5ème année	1 390 €
6ème année et +, & +65 ans	1 774 €

COTISATION PROPORTIONNELLE AU REVENU NET
1ere et 2e année : plafond de la sécurité sociale = 43 992 € (soit assiette de 8358,48)

. Avocat inscrit en*	2023	259 €
	2022	259 €

montant provisoire dans l'attente du revenu réel 2022 puis 2023

. Avocat inscrit avant 2022, taux de	3,1%
dans la limite d'un plafond de	297 549 €

Fig 8.16: Cotisation forfaitaire et proportionnelle de la retraite de base à la Cnbf - Source: Cnbf.fr

La retraite complémentaire est calculée sur le revenu net par application de taux selon l'une des 4 classes possibles, chacune divisée en 5 tranches:

Comprendre les cotisations obligatoires

Revenu/ Classes	de 1 € à 42.507 €	42.508 à 85.014 €	85.015 à 127.521 €	127.522 à 170.028 €	170.029 à 212.535 €
C1	4,80%	9,20%	10,70%	12,20%	13,70%
C2	5,40%	10,40%	12,20%	14,00%	15,80%
C3	6,00%	11,60%	13,70%	15,80%	17,90%
C3+	6,00%	11,60%	13,70%	15,80%	20,40%
Coût d'acquisition du point =				11,1654 €	

Fig 8.17: Cotisation de la retraite complémentaire à la Cnbf - Source: Cnbf.fr

Enfin la cotisation invalidité-décès est forfaitaire. Son montant est fonction de l'ancienneté d'appartenance au Barreau en date du 1er janvier de l'année.

Parallèlement, le Barreau verse une cotisation forfaitaire pour chaque avocat non-salarié.

COTISATION FORFAITAIRE
. recouvrée auprès de l'avocat de :
- 1ère, 2ème, 3ème et 4ème années — 62 €
- 5ème année et plus 65 ans — 153 €

. recouvrée auprès du Barreau — 161 €
(quelle que soit l'ancienneté ou l'âge du cotisant)

Fig 8.18: Cotisation Invalidité/Décès à la Cnbf - Source: Cnbf.fr

2.3 Le cumul emploi-retraite en libéral:

Comme dans les autres régimes de retraite, l'âge minimum de la retraite est fixé entre 62 et 64 ans selon la date de naissance pour les professions libérales. Or, bien souvent, ces professionnels continuent à travailler au-delà de l'âge minimum de la retraite et attendent d'avoir définitivement arrêté de travailler pour demander le versement de leur retraite.

Cela n'a pas de sens. Il faut dissocier la fin de son activité professionnelle du déclenchement de sa retraite. Chaque année de différé est une année de perdue. Pour une retraite de 2 000 € par mois, attendre un an de plus pour la percevoir, c'est perdre définitivement 24 000 €. Or, on peut parfaitement commencer à percevoir sa retraite tout en continuant à travailler.

Car, à la différence des salariés qui sont obligés de rompre leur contrat de travail pour obtenir leur retraite, les indépendants ne sont pas obligés d'arrêter de travailler pour demander le versement de leur retraite. Ils peuvent liquider leurs droits et poursuivre leur activité professionnelle dans le cadre du cumul emploi-retraite.

- **S'ils ont tous leurs trimestres**, ils peuvent alors cumuler, sans aucune limite, leur pension de retraite avec leurs revenus professionnels aussi longtemps qu'ils le souhaitent.

- **S'ils n'ont pas tous leurs trimestres**, le cumul reste possible dans la limite d'un plafond (43 992€ par an en

2023) au-delà duquel leur pension de retraite risque d'être rabotée, voire suspendue.

Depuis le 1er septembre 2023 et l'entrée en vigueur de la réforme des retraites d'Emmanuel Macron, le cumul emploi-retraite permet d'acquérir de nouveaux droits à la retraite en fonction des droits constitués depuis le 1er janvier 2023 et de se constituer ainsi une seconde pension de retraite de base. Jusqu'alors, lorsqu'on percevait de nouveaux revenus à la retraite, on cotisait pour la retraite… à fonds perdus.

<u>2.4 Le rachat de trimestres pour le libéral:</u>

Pour prendre votre retraite à taux plein, vous devrez avoir cotisé un certain nombre de trimestres. S'il vous en manque, vous avez la possibilité de racheter jusqu'à 12 trimestres afin d'atteindre la durée de cotisation nécessaire pour une retraite à taux plein.

Conditions pour pouvoir accéder à ce rachat:

- Vous devez être âgé d'au moins 20 ans et de moins de 67 ans, à la date à laquelle vous présentez votre demande
- Votre pension de base ne doit pas être liquidée
- Vous ne devez pas avoir déjà racheter 12 trimestres dans le régime de base des professions libérales

Possibilités de rachats:

- Rachat de trimestres seuls: Un rachat de trimestres seuls permet de réduire, voire d'annuler, la minoration du montant de la future pension au titre d'une durée d'assurance insuffisante.

- Rachat de trimestres et de points: Un rachat de trimestres et de points permet, quant à lui, de réduire la minoration mais aussi d'augmenter le nombre de points acquis, et donc d'augmenter le montant de la retraite.

Le coût du rachat est fonction d'un barème annuel défini par arrêté. Ce barème tient compte de votre âge à la date de la demande et de la moyenne des revenus d'activité des trois dernières années.

Ainsi, le montant du rachat correspond au produit du nombre de trimestres rachetés par le coût de rachat du trimestre.

3-La Cotisation Foncière des Entreprises (CFE):

La CFE est un impôt local dû par toute entreprise et personne exerçant une activité professionnelle non salariée, sauf exonération éventuelle.

Donc elle est redevable pour tous les libéraux au régime réel comme en micro-entreprise, tous les ans à la même période, en décembre.

Elle constitue avec la Cotisation sur la Valeur Ajoutée des Entreprises (CVAE), l'une des 2 composantes de la contribution économique territoriale (CET).

Comprendre les cotisations obligatoires

La CFE est calculée par rapport à la valeur locative des biens immobiliers soumis à la taxe foncière que l'entreprise a utilisés pour son activité professionnelle lors de l'avant-dernière année (année N-2).

Un taux variable selon la commune est appliqué à la valeur locative pour déterminer le montant de la CFE. Il est donc différent pour chacun d'entre nous en fonction de la superficie de notre local, de notre commune d'exploitation et de notre chiffre d'affaires.

Si l'entrepreneur ne dispose d'aucun local et exerce son activité à domicile (ou chez ses clients), celui-ci doit quand même payer une cotisation minimum.

L'entreprise est exonérée de cotisation minimum si son chiffre d'affaires annuel ne dépasse pas 5 000 €.

4-Bilan:

Nous avons donc observé dans ce chapitre toutes les cotisations obligatoires qui vous sont prélevées, en cas d'exercice libéral et notamment en réel.

Si vous avez bien suivi, l'Urssaf permet de régler les cotisations liés à la Caisse Primaire d'Assurance Maladie (CPAM) et les cotisations CSG-CRDS, ainsi que le droit à la formation (CFP). Toutes les professions libérales contribuent sans exception à cet organisme.

Ensuite, vous êtes affilié automatiquement lors de votre immatriculation à une caisse de retraite correspondant à votre activité. Cette dernière va s'occuper de prélever les cotisations retraites de base liées à la CNAVPL. Mais aussi d'autres cotisations (complémentaire, prévoyance...) spécifiques à votre profession.

Seuls les avocats ont une caisse indépendante qui gère aussi bien la retraite de base que la complémentaire et l'invalidité-décès.

En 2023, la CIPAV a été reprise par l'Urssaf. Si vous êtes un libéral qui appartient à cette caisse de retraite, vous paierez vos cotisations via l'Urssaf également et non par l'intermédiaire de la CIPAV, même si c'est cette dernière qui gère votre compte retraite.

Est-il vraiment obligatoire de payer ces cotisations?

La réponse est oui, vous ne pouvez exercer en France sans payer ces dernières aux organismes établis.
Si vous ne le faites pas, vous risquez d'être poursuivi. Pire encore, d'être radié de votre profession et de ne plus pouvoir exercer.

A nouveau, je vous encourage à vous rendre sur votre espace personnel de votre caisse de retraite ou tout simplement sur le site info-retraite.fr pour effectuer une simulation sur ce qui vous attend. Vous prendrez certainement conscience que votre retraite risque d'être assez mince, comparativement à vos revenus d'actif.

C'est un fait, les pensions retraites des libéraux représentent en moyenne 50% de leurs anciens revenus contre 70% pour les salariés.

Comprendre les cotisations obligatoires

C'est pour cela qu'il faut, le plus tôt possible, mettre en place des stratégies pour pallier ce futur manquement. Même s'il est vrai qu'à la retraite on a souvent moins de dépenses, il est toujours intéressant d'étudier les moyens qui peuvent permettre de limiter les dégâts.

Ça tombe bien, c'est ce que je vous propose dans le prochain chapitre.

En effet, nous aborderons le sujet de la protection facultative mais recommandée du libéral.

Que ce soit pour le choix d'une mutuelle, d'une prévoyance, d'une assurance-vie ou d'un plan d'épargne retraite.

Tous ces contrats vous permettent de vous accompagner lors de votre vie professionnelle et de préparer l'avenir sereinement. Certains permettent également une défiscalisation non négligeable, on ne va donc pas se priver d'en parler.

Libérale 2.0

Libéraux, protégez vous!

Dans ce chapitre, nous étudierons les différents contrats facultatifs proposés aux libéraux.

Que ce soit pour votre protection complémentaire au régime de base de la sécurité sociale (mutuelle et prévoyance). Ou bien pour préparer votre retraite, vous retrouverez toutes les informations nécessaires dans ce chapitre.

PER, Madelin, Prévoyance, ça vous dit quelque chose?

Si vous êtes déjà libéral, vous savez de quoi je parle. Ces coups de téléphone incessants, toutes les semaines par ces commerciaux qui vous promettent monts et merveilles pour obtenir un rendez-vous avec vous.

L'objectif n°1 est de fixer une entrevue dans votre lieu de travail. Le second est de vous vendre un maximum de contrats ou de vous faire changer d'assureur, en vous promettant moins cher et plus efficace.

A mes débuts, j'ai accepté quelques fois ces rendez-vous. Et dans la majorité des cas, je m'en suis mordu les doigts.

Pourtant, ces contrats sont recommandés pour les libéraux, car les prestations des cotisations de base ne suffisent pas en cas d'arrêt de travail ou d'accident par exemple.

Libérale 2.0

Alors à qui se fier? Quels sont les contrats indispensables? Quelles prestations supplémentaires adopter?

Ici, nous allons classer les contrats en 2 groupes:

1. Les contrats de type "Madelin". Il s'agit de la mutuelle, de la prévoyance, des anciens contrats retraite. Ils permettent de vous protéger en cas d'accident ou de maladie.

2. Les contrats pour préparer votre avenir, le plan d'épargne retraite (PER) et l'assurance-vie qui vous permettent d'épargner et de capitaliser tout au long de votre vie d'actif.

1-Que représente la loi Madelin?

La loi Madelin datant de 1994 permet aux libéraux de déduire de leur revenu imposable, les cotisations versées sur ces contrats dits Madelin (prévoyance, mutuelle, retraite et perte d'emploi subie).

Cette loi a été investie pour permettre au libéral de se protéger afin de pallier les carences du régime obligatoire.

En effet, nous avons vu plus haut que la protection sociale obligatoire est minimaliste par rapport aux besoins du libéral.

C'est donc une souscription facultative et complémentaire aux cotisations obligatoires de l'État, mais largement recommandée.

Grâce aux cotisations Madelin déductibles, l'effort de cotisation du libéral est financé en partie par l'économie d'impôt réalisée.

Les cotisations Madelin sont déductibles du revenu imposable dans la limite d'un plafond fiscal fixé. Ce plafond est différent en fonction du contrat.

Nous allons donc étudier chaque contrat (mutuelle et prévoyance).

Sachez tout de même que les contrats retraite ne sont plus commercialisés en Madelin depuis le 1er Octobre 2020. Malgré tout, pour ceux qui en auraient souscrit un avant cette date, le contrat reste valide.

Ces différentes règles sont valables pour les libéraux au régime réel. Car ils peuvent déduire dans leur comptabilité les charges qu'ils souhaitent.

Ceux en micro-entreprise peuvent également prendre ces contrats pour se protéger mais ils n'auront pas le même avantage de défiscalisation car ils sont confrontés à un abattement forfaitaire par l'État.

2-La Mutuelle en Madelin:

Le contrat de mutuelle va permettre au libéral de bénéficier de remboursement sur ces frais médicaux, que la sécurité sociale ne prend pas ou peu en charge.

C'est donc une complémentaire santé facultative mais qui peut s'avérer rapidement nécessaire en cas de soins dentaires, d'optique, d'hospitalisation ou de maladie longue durée par exemple.

Ce contrat permet de vous indemniser mais également votre conjoint et vos enfants si vous le souhaitez. Donc n'hésitez pas à passer du temps sur ce sujet.

Lorsqu'on recherche un contrat pour une mutuelle, il ne faut pas hésiter à comparer les différentes offres. Il existe maintenant des sites performants qui vous permettent de sélectionner vos besoins en priorité (Alan, Le Lynx, les Furets, Coover..).

Surtout, choisissez une mutuelle qui rembourse les prestations qui vous sont nécessaires (dentaire, optique, médecines douces…) et n'hésitez pas à vous renseigner sur la compagnie d'assurance en amont.

Quelles sont les avis des utilisateurs? Sont-ils rapides pour rembourser? Ont-ils des clauses abusives?

Tous ces détails ainsi que la grille tarifaire vous permettront de faire le meilleur choix. Bien sûr, n'oubliez pas que le contrat doit être de type Madelin pour la défiscalisation.

Pour rappel, les remboursements de vos frais médicaux par votre mutuelle sont exonérés de tous impôts.

Pour bien comprendre une grille tarifaire de mutuelle, voici quelques conseils pour s'y retrouver.

Libéraux, protégez-vous!

En général, chaque organisme présente une grille avec des colonnes qui correspondent aux différentes formules.

La base de remboursement (BR ou tarif conventionnel) correspond à ce que vous rembourse la sécurité sociale. Donc gardez toujours en tête que le remboursement ne se calcule pas selon le prix pratiqué par le professionnel de santé, mais selon la base de remboursement de la sécurité sociale.

Exemple:

Un médecin spécialiste (ophtalmologue) chez qui vous allez effectuer une consultation:

	Tarif conventionnel	Taux de remboursement Sécurité sociale	Montant remboursé par la sécurité sociale
Ophtalmologie	30€	70%	20€

Fig 9.1 Tarif conventionné d'une consultation en Ophtalmologie en France en 2021 - Source: Ameli.fr

Le tarif conventionné en France pour cette consultation est de 30€. Et la base de remboursement est de 70% sur ce montant. C'est-à-dire que la sécurité sociale vous rembourse 70% de 30€, soit 20€ sur cet examen.

Si votre mutuelle est à 100% dans la colonne "médecine générale/spécialiste", vous serez remboursé de 20€ par la sécurité sociale et de 9€ par votre mutuelle. Donc vous n'aurez aucun frais à sortir (mise à part la franchise de 1€ non remboursable).

Néanmoins, la plupart des spécialistes ne sont pas au tarif conventionné, plutôt autour de 60€ pour l'ophtalmologie.

Donc mieux vaut avoir un remboursement à 200% de la part de votre mutuelle qui correspond à 2 fois le tarif conventionné soit 60€ dans ce cas.
La sécurité sociale vous remboursera toujours 20€, mais votre mutuelle compensera à hauteur de 39€.

Attention, car le tarif conventionné peut être très bas pour certains actes comme dans le dentaire ou l'optique.

Pour exemple, une couronne dentaire est conventionnée à 120€, alors qu'en moyenne, elle est facturée entre 400 et 900€.

N'hésitez donc pas à prendre de gros pourcentages dans ces domaines, si vous avez ce type de besoins.

3-La prévoyance en Madelin:

Ce contrat a pour but de protéger le libéral en cas d'arrêt de travail, d'accident, d'incapacité, d'invalidité ou de décès.

Tous ces événements peuvent engendrer une perte partielle ou totale d'autonomie. La prévoyance va donc combler la perte de revenu du libéral.

Depuis le 1er juillet 2021, la sécurité sociale indemnise les arrêts maladies des libéraux (sauf avocats) pendant 90 jours maximum, avec un délai de carence de 3 jours.

Avant cette date, cette indemnité n'existait pas. C'est pour cela que la cotisation a augmenté en 2021 avec l'arrivée de cette nouvelle prestation.

Le forfait maximal de l'indemnité versée par la sécurité sociale est de 169€/jour, ce qui pour certains est loin de couvrir charges et revenus.

C'est donc à cet effet, que le contrat de prévoyance pour le libéral prend tout son sens.

Cette assurance prévoit plusieurs types de protection et de prestations:

- **L'incapacité temporaire de travail (ITT):** elle donne le droit aux versements d'indemnités journalières (parfois contre une franchise) qui complète ceux de la sécurité sociale.
  Cette prestation permet donc de maintenir le niveau de vie du libéral. Elle peut aussi permettre de payer les charges professionnelles.
  Le délai maximum de versements est de 3 ans.

- **La garantie invalidité:** en cas d'invalidité totale ou partielle ou pour un arrêt de travail définitif. Il s'agit d'une rente versée au libéral pour compenser son accident de vie qui vient compléter celle de sa caisse de retraite obligatoire.

- **La garantie décès:** c'est une rente mensuelle ou un versement total (ou un mixte des 2 solutions) du capital à un ou plusieurs bénéficiaires.

- **La rente d'éducation:** facultative, cette rente permet à l'enfant du libéral décédé de poursuivre ses études jusqu'à ses 25 ans avec la prise en charge de ses frais de scolarité.

Avant de choisir votre contrat de prévoyance, prenez soin d'étudier l'indemnité versée par votre régime obligatoire de base. Ensuite, vous saurez dans quels types de prestations il faudra la compléter.

Il existe des tarifs fixes ou évolutifs (en fonction de l'âge et des revenus) en contrat de prévoyance. Soyez également vigilants sur les franchises, plus elles sont élevées, plus le tarif mensuel est bas (et inversement).

Certaines assurances placent l'invalidité selon un certain pourcentage, soyez attentifs à ce dernier et aux exclusions (activités sportives, troubles psychiques, troubles dorso-lombaires…).

Statistiquement, la majorité des affections chez les professionnels libéraux sont les atteintes psychiques et les problèmes de dos. Donc faites en sorte qu'elles soient prises en charge dans votre contrat (souvent exclues pour faire baisser le prix).

La priorité dans un contrat de prévoyance se situe au niveau des clauses en cas d'invalidité. Elle doit être basée exclusivement sur votre impossibilité d'exercer votre métier sans prendre en compte les possibilités d'en exercer un autre et donc des possibilités de reclassement professionnel.
Il doit s'agir d'une évaluation dite « professionnelle » réalisée par un expert médical indépendant.

Libéraux, protégez-vous!

> Exemple:
>
> Un chirurgien est incapable de continuer à exercer son activité suite à la perte de son pouce lors d'un accident de bricolage.
>
> Une clause de reclassement professionnel ou une évaluation sur un mode fonctionnel, lui ferait perdre l'indemnisation intégrale au motif qu'il pourrait, par exemple, exercer à titre libéral sans activité chirurgicale.
>
> Donc il est important d'avoir une évaluation professionnelle en cas de problème.
>
> Il existe plusieurs méthodes de calcul pour la rente versée au libéral en cas d'incapacité à travailler: T/66, règle proportionnelle, taux fixe, grille spécifique...
>
> Dans la grande majorité des cas, le mode de calcul T/66 est le plus avantageux (T correspondant au taux d'invalidité).
>
> Si le chirurgien a une garantie de 5000€ mensuelle et que la perte de son pouce représente 40% en taux d'invalidité:
>
> T/66 : 40/66 x 5000€ = 3.030€/mois à percevoir
>
> Ce chirurgien perçoit donc 3030€ par mois en cas d'invalidité pour ce pouce.

Attention en cas d'arrêt de travail et de versements d'indemnités journalières, ces dernières sont à intégrer dans votre exercice annuel dans la catégorie des revenus professionnels. Vous serez donc imposé sur ces montants.

De plus, en cas d'arrêt définitif de votre activité, les rentes invalidité, conjoint ou scolaire sont à déclarer en pensions et sont soumises à l'imposition par la CSG et la CRDS, comme revenus de remplacement.

Il existe aussi un seuil de déclenchement de l'invalidité, si votre taux se situe en dessous de ce seuil, vous ne percevrez aucune indemnité. Les meilleurs contrats proposent un seuil autour de 16%. Cela reste acceptable jusqu'à 33%. Au delà passez votre chemin.

Une chose importante à noter dans un contrat de prévoyance, au-delà de la rente potentielle, est la prise en charge de vos charges professionnelles qui reste primordial.

Si vous subissez un accident et que du jour au lendemain, vous ne pouvez plus travailler, il faudra toujours payer les charges mensuelles (loyer, assurance, ...). Votre contrat peut vous rembourser toutes ces charges, encore faut'il l'avoir inscrit noir sur blanc.

Ensuite soyez vigilants au délai de carence en cas de maladie, accident ou hospitalisation. Ce délai de carence correspond à la période ou vous ne serez pas encore indemnisé, donc vous devrez subvenir vous-même à vos besoins.
En maladie, il peut aller jusqu'à 60-90 jours. A vous de faire les bons choix car plus le délai est court, plus la mensualité sera élevée.

Pour les femmes et les arrêts de travail en cas de grossesse, certains organismes prévoient un délai d'affiliation avant la possibilité de bénéficier de cette indemnité. Donc si vous souhaitez faire un bébé rapidement et que vous cherchez un contrat de prévoyance, soyez attentive à cette petite ligne.

Enfin, en cas d'indemnisation, vous pouvez choisir 2 modes:

- Le mode forfaitaire calculé en fonction de votre contrat (pas de surprise)
- Le mode indémnitaire en fonction de vos revenus passés (justifications par bilans)

Le mode forfaitaire est souvent plus avantageux et plus simple, mais nécessite souvent 10% de plus dans le montant de votre mensualité.

En conclusion, il est délicat de se pencher sur ce contrat de prévoyance car il nécessite une attention particulière sur la question de votre protection.
Mais si vous êtes attentifs aux points cités, vous serez protégé comme il se doit et sans surprises en cas de pépin.

4-Le plafond de déduction Madelin:

L'avantage de ces contrats est qu'ils permettent au libéral de se protéger et donc de lui amener une certaine sécurité face aux événements de la vie.

Et ce n'est pas le seul bénéfice, car une partie des sommes dépensées pour ces contrats peuvent être déductibles de ses impôts chaque année. C'est donc un compromis très intéressant.

Mais les cotisations type "Madelin" sont déductibles jusqu'à un certain plafond, en fonction des revenus du libéral.

Vous pouvez obtenir ce plafond sur plusieurs simulateurs en ligne, en remplissant vos informations personnelles. Mais observons ensemble la méthode de calcul précise pour obtenir ce seuil:

- 3,75% du bénéfice imposable du libéral concerné majoré de 7% du PASS (43 992€ en 2023)

- Dans la limite de 3% de 8 PASS en 2023, soit 10 558€ maximum de déduction.

Exemple:

Un expert-comptable déclare un bénéfice de 50 000€ en 2023:

3,75% de 50 000€ = 1875 + 7% de 43 992€ = 3079.44

= 4954.44€ au total

Donc cet individu pourra déduire de son revenu imposable jusqu'à 4954,44€ de cotisations prévoyance et mutuelle, dans le cadre des contrats Madelin pour l'exercice comptable 2023..

5-L'erreur à ne pas commettre:

Je vais dans cet aparté, vous parlez d'une amie libérale comme vous et moi. Cela faisait des mois voire des années que je la poussais à ouvrir un contrat en prévoyance.

A l'époque, autour de la trentaine, elle voyait certainement ce contrat comme une charge supplémentaire plus qu'une protection nécessaire. Et puis par manque de temps ou par flemme, elle n'a jamais vraiment décidé de faire cette démarche.

Jusqu'au jour où…

Et bien, jusqu'au jour où son ophtalmologue lui a diagnostiqué un décollement de rétine, qui s'est ensuite poursuivi par une cataracte. Tout ça sur quelques mois d'intervalles avec des arrêts de travail répétés, puisqu'elle a dû être opérée à 2 ou 3 reprises avec des convalescences assez importantes.

Evidemment, on pense tout de suite à la perte de revenus, aux conséquences sur l'organisation de son emploi du temps et à sa santé évidemment.

Une fois l'histoire terminée, rassurez-vous elle a pu reprendre son activité. C'est à ce moment-là qu'elle s'est penchée sur la prévoyance car elle ne voulait plus revivre ce cauchemar une seconde fois. D'autant qu'il existe toujours un risque de récidive.

Seulement voilà, quand on démarche des organismes de prévoyance, on remplit un questionnaire de santé. Et c'est là qu'elle a commencé à regretter de ne pas avoir fait la formalité plus tôt.

Car toutes les assurances lui proposaient 2 choix :

- Des mensualités astronomiques avec la prise en charge de ses yeux
- L'exclusion pure et simple de ses yeux à cause de ses antécédents

La conclusion de l'histoire: protégez-vous tant que vous êtes en parfaite santé.

6-Le Plan d'Épargne Retraite (PER):

Comme évoqué plus haut, il existait jusqu'en 2020 des contrats retraite en loi Madelin, mais également le PERCO, l'article 83, le PERP, etc. Ces derniers n'existent plus, ils ont tous été remplacés par le PER.

Néanmoins, les libéraux qui ont signé ces anciens contrats retraite avant 2020 continueront d'en profiter jusqu'à leur retraite, s'ils souhaitent les conserver.
Ils ont aussi la possibilité de transférer leur ancien contrat sur un nouveau PER.

Pour ceux qui n'ont pas encore effectué cette démarche, voyons comment fonctionne ce nouveau contrat que j'aime beaucoup, le plan d'épargne retraite (PER).

Il a été créé en 2019 par la loi PACTE. C'est le seul contrat retraite commercialisé depuis Octobre 2020. Il est disponible pour tous, sans conditions d'âge ni d'activité professionnelle.

Libéraux, protégez-vous!

Comme nous allons le constater, il est particulièrement intéressant pour les revenus importants avec une TMI (tranche marginale d'imposition) au moins égale à 30%. Et le sera encore plus, si à la retraite votre TMI chute car vous serez imposé sur la sortie en rente ou capital.

Le Plan d'Epargne Retraite se traduit comme un livret d'épargne que vous allez approvisionner avec des virements programmées ou ponctuels.

Il n' y a pas de montant obligatoire à verser chaque année.

Vous pouvez donc adapter vos versements en fonction du résultat de votre exercice professionnel, ce qui est particulièrement confortable. Vous pouvez alors réaliser une année entière sans versements.

Ces fonds versés seront bloqués sur votre compte et seront soumis à un taux de rendement qui permettra à votre épargne de faire des petits, tout au long de votre vie professionnelle.

Ce taux fluctue tout au long du contrat en fonction des supports définis sur lesquels vous épargnez, d'où l'intérêt de bien choisir sa formule:

- Prudent
- Equilibre
- Dynamique

A la création du contrat, il est conseillé de partir sur un profil dynamique pour faire des petits rapidement (même si les risques sont plus importants).

Au contraire, à l'approche de la retraite au vu de la somme collectée, il est conseillé de repasser sur un profil prudent afin de capitaliser ce qui a été gagné et d'éviter tout risque inutile.

6.1 Pour quelles raisons le PER est-il avantageux pour les revenus à TMI élevés?

Vous l'avez compris, le PER fonctionne comme un contrat d'épargne sur lequel on verse des sommes aux moments souhaités.

La seule différence, c'est qu'on ne peut plus y toucher une fois versée, sauf dans quelques cas que nous verrons par la suite.

Mais l'atout principal de ce contrat est la déduction d'une partie des versements sur votre imposition.

Et plus votre Tranche Marginale d'Imposition (TMI) sera élevée, plus la part déductible sera importante, comme nous pouvons le constater dans ce tableau:

Montant versé / an	Tranche marginale d'imposition (TMI)	Gain d'impôt
2 000 €	11 %	220 €
2 000 €	30 %	600 €
2 000 €	40 %	800 €
2 000 €	45 %	900 €

Fig 9.2: Exemple de défiscalisation avec un PER en 2023 - Source: reassurez-moi.fr

> **Exemple:**
>
> Ici, vous pouvez observer que pour un versement de 2000€ annuel, la déduction fiscale sera différente en fonction de la TMI de l'affilié.
>
> Plus cette dernière est importante, plus le contrat est avantageux car cela augmente la part défiscalisable.
>
> Donc, une personne avec une TMI à 40% défiscalise 800€ sur ce versement, tandis qu'une personne avec une TMI à 11% ne réduit son imposition que de 220€.

6.2 Le plafond de déduction et les modes de déduction:

Néanmoins, il existe tout de même un plafond à cette déduction chaque année qui correspond à:

- 10% de vos revenus professionnels de l'année précédente (limite de 8 PASS)
- Ou 4114€ si ce montant est plus élevé

Dans le cas où vous n'auriez pas atteint votre plafond de versement, le montant de la réduction fiscale non utilisé pourra l'être pendant les 3 années suivantes.

Concrètement si en 2021 le montant de vos cotisations est inférieur au plafond, alors vous pourrez reporter cette réduction non utilisée en 2022, 2023 ou 2024.

Par contre, si les sommes versées sur le PER sont supérieures au plafond déterminé, l'excédent ne peut pas être reporté. De plus, les couples mariés ou pacsés peuvent additionner leurs plafonds de déductibilité.

Pour observer votre plafond de déductibilité en temps réel, rendez-vous sur votre dernier avis d'imposition. Vous trouverez son montant juste en dessous de votre revenu fiscal de référence, page 3.

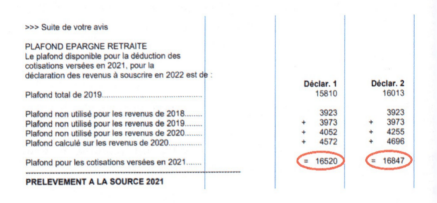

Fig 9.3: Exemple d'un plafond de déductibilité sur avis d'imposition - Source: impots.gouv.fr

Exemple:

Ici, le déclarant 1 pourra défiscaliser au maximum 16 520€.

Il s'agit de son plafond annuel de défiscalisation (grâce à l'addition des 4 dernières années qu'il n'a pas utilisé). S'il n'utilise pas tout cette année, une partie sera reportée l'an prochain.

Libéraux, protégez-vous!

On parle dans ce cas de défiscalisation du revenu global.

Mais il est aussi possible de défiscaliser avec une autre méthode, sur le revenu catégoriel.

La déduction sur le revenu catégoriel s'adresse à tous les indépendants et permet d'insérer les sommes versées sur votre PER, dans votre comptabilité professionnelle.

Vous ne pouvez plus déduire ces sommes sur votre revenu global, en remplissant votre imposition sur votre foyer (2042). Mais en attribuant ces cotisations à votre bénéfice non commercial (BNC) sur votre déclaration 2035.

Cette option n'est pas neutre fiscalement, le libéral devra reporter les sommes versées sur sa 2035 pour les imputées à son exercice.

Le seuil de déduction est plus intéressant en catégoriel car il est plafonnée à 10 % de la fraction du bénéfice de l'année imposable (toujours dans la limite de 8 PASS) auquel on ajoute 15% de la fraction du bénéfice supérieur au PASS (dans la limite de 7 PASS).

Aie, aie, aie ça fait mal à la tête ce calcul!

Prenons l'exemple pour 2021, le plafond du revenu global est de 32 909€ tandis qu'il est de 76 102€ en revenu catégoriel.

Alors, quelle option choisir?

Si vous n'avez jamais utilisé votre plafond de revenu global, commencez par utiliser ce dernier car cumulé sur 3 années, il est souvent plus intéressant.

Une fois que vous l'aurez usé, passez les déductions sur le revenu catégoriel.

6.3 Clauses pour sortir du PER:

Il existe quelques cas qui permettent de sortir les sommes engagées sur votre PER avant votre retraite:

- Achat d'une résidence principale
- Décès de l'assuré ou de son conjoint (marié ou pacsé)
- Invalidité de l'assuré, de son conjoint ou de son enfant
- Surendettement
- Fin des allocations chômage
- Cessation d'activité (liquidation judiciaire)

Donc pour les jeunes libéraux qui n'ont pas encore investi dans leur résidence principale, c'est un excellent contrat. Car vous allez pouvoir épargner à un meilleur taux que sur un livret d'épargne classique et défiscaliser une partie de vos versements afin de baisser votre imposition.

Ensuite, vous pourrez si vous le souhaitez, utiliser cette épargne dans votre projet d'achat futur ou le garder pour votre retraite.

6.4 Comment fonctionnent les versements à la retraite?

Un jour viendra où vous prendrez votre retraite (sisi, je vous jure!) et vous bénéficierez enfin de ce contrat pour pallier la rente de votre caisse de retraite obligatoire, plusieurs options seront possibles:

Libéraux, protégez-vous!

- Capital versé en une fois
- Rentes mensuelles
- Mixte, avec une partie en capital et une partie en rentes mensuelles

L'imposition sera différente entre un versement en rentes et un versement en capital :

- Les rentes mensuelles ou trimestrielles sont imposées au même titre qu'une pension de retraite. C'est-à-dire qu'elles seront imposées en fonction de votre TMI et seront également soumises aux contributions sociales.

  Pour cette raison, il serait intéressant de diminuer votre TMI avant de profiter de votre PER.

  Rien de plus simple, diminuez ou supprimez vos revenus l'année précédant votre mise en route de PER.

  Votre TMI baissera significativement et seulement à ce moment-là, les rentes seront intéressantes puisque moins imposées.

  Si vous déclenchez votre PER tout en continuant de recevoir des revenus, votre TMI ne pourra pas baisser et vous perdriez l'avantage fiscal de ce contrat.

- Si vous souhaitez un versement en capital, vous serez taxé sur la plus-value à hauteur de 30 % tandis que votre capital sera assujetti à votre tranche d'imposition à nouveau.

6.5 Quel PER choisir?

Le contrat PER est proposé par différents organismes:

- Assureurs
- Banques
- Organismes en ligne
- Gestionnaire d'actifs
- Etablissement de crédit
- Organisme de mutuelle et prévoyance
- Gestionnaire de patrimoine

Pour savoir si un contrat PER est bon ou non, il faut étudier tous les frais que l'organisme va vous facturer :

- Frais d'adhésion: non obligatoire (entre 20 et 50€ généralement)
- Frais de versements: on vous prélève un pourcentage en frais (0% pour les meilleurs contrats) à chaque versement
- Frais de gestion annuelle: entre 0.5 et 2% selon votre contrat, prélevés sur votre capital
- Frais d'arbitrage: en cas de changement de support ou de modification de votre contrat
- Frais de transfert: autour de 1%, si vous alimentez votre PER avec un précédent contrat retraite

Si ces frais sont trop importants, ils viendront grignoter peu à peu votre épargne et votre investissement sera donc inintéressant.

La majorité des contrats qui excellent dans ce domaine se trouve en ligne car ils proposent peu de frais, comparativement aux acteurs classiques en agence (banque et assurance).

Sur internet, vous pouvez trouver facilement en ligne des comparateurs et des podiums sur les meilleurs contrats de PER chaque année.

En 2023, selon le blog Épargnant 3.0 qui fait office de référence dans le monde de l'épargne, on retrouve de la première à la quatrième place:

Classement	CONTRAT	ASSUREUR	FRAIS D'ENTREE
1	Linxea Spirit PER	Spirica – Crédit Agricole	0%
2	PER Placement Direct	Swiss Life	0%
3	Linxea Suravenir PER	Suravenir – Crédit Mutuel Arkea	0%
4	Yomoni PER	Suravenir – Crédit Mutuel Arkea	0%

Fig 9.4: Classement des contrats PER en France en 2023 - Source: Epargnant3.0.fr

Sur ce tableau, il faut différencier l'organisme (en bleu) auquel vous allez souscrire le contrat et l'assureur (en gris). Car il existe de multiples contrats qui regroupent souvent les mêmes assureurs.

Libérale 2.0

Ce sont les frais facturés par les organismes qui vous permettront de choisir correctement votre contrat.

A titre individuel, j'ai adhéré en 2021 avec le 1er du classement, LINXEA Spirit PER.

Linxea est une entreprise française présente depuis 2001 pour accompagner ses adhérents dans leur épargne.

L'inscription est plutôt simple, même s'il faut envoyer de nombreux documents avant d'être enregistré.

Ensuite, on choisit son montant initial (minimum 500€) puis si l'on veut mettre en place des versements programmées ou non.

Linxea va vous proposer un questionnaire sur votre profil d'épargnant et vous présentera un portefeuille sur lequel vous allez pouvoir investir. Vous pouvez aussi choisir vos propres fonds si vous le désirez.

Vous suivrez en temps réel, votre rendement sur votre espace personnel.

Si vous ne voulez rien gérer, vous pouvez également passer en gestion pilotée (aide d'une personne dédiée à votre PER), mais vous aurez forcément quelques frais supplémentaires.

Dernier petit conseil, la majorité des contrats proposés par les banques ou les assureurs en agence ne sont pas très intéressants. Car ils ont quasiment tous beaucoup de frais, notamment les frais de versements compris entre 2 et 5% alors que les banques en ligne ou les organismes comme LINXEA sont à 0%.

7-L'assurance-vie:

L'assurance-vie est un placement intéressant pour vos économies. Accessible à tous, il permet d'épargner sereinement avec des bons rendements, même si le taux des livrets (livret A et LDD) est bien remonté en 2023.

Contrairement au PER, les sommes versées sur ce contrat peuvent être retirées sans aucun problème à tout moment de la vie. Même si les versements ne sont pas instantanés.

Il est souvent considéré comme une assurance en cas de décès à cause de sa nomination mais ce n'est pas vraiment le cas.

On peut plutôt le considérer comme un contrat d'épargne à rendement intéressant mais il possède quelques subtilités à bien connaître.

7.1 Pourquoi ouvrir une assurance vie?

L'assurance vie permet d'épargner tout au long de sa vie, comme un livret A.

L'assurance-vie est d'ailleurs le produit d'épargne préféré des Français.

En tant que libéral, l'assurance vie peut vous permettre d'épargner une partie de vos revenus pour faire fructifier votre capital.

Grâce au rendement, votre épargne va créer des intérêts et si vous ne touchez pas à cette épargne, vous pourrez la sortir au moment de la retraite sous forme de rente par exemple.

Cette épargne peut aussi être transmise à vos enfants et cette démarche est avantageuse grâce à ce contrat. Car le droit de succession ne s'applique pas de la même manière en assurance-vie que pour une succession classique.

Si vous avez épargné avant vos 70 ans sur un contrat d'assurance vie, vous pouvez transmettre jusqu'à 152 500€ par bénéficiaire sans taxation.
Si vous nourrissez votre assurance vie après vos 70 ans, l'abattement pour votre bénéficiaire ne sera que de 30 500€.

Il est donc important de le faire en amont de cet anniversaire pour transmettre une somme plus conséquente et sans taxes.

A noter que tous les acteurs dans la gestion de patrimoine préconisent de garder un matelas de sécurité sur un livret A. Cela permet en cas de pépins de sortir rapidement de la trésorerie.

Mais quand votre matelas de sécurité est suffisamment rempli, il est intéressant de passer sur une assurance-vie.

7.2 Les caractéristiques du contrat assurance-vie:

- Vous pouvez programmer des versements réguliers ou réaliser uniquement des versements ponctuels. Aucune somme n'est obligatoire chaque année, sauf à l'ouverture du compte

- Vous pouvez retirer votre argent à tout moment, cela prend un peu plus de temps qu'un virement classique
- Vous choisissez un ou des bénéficiaires en cas de décès
- Le taux de rendement est en fonction du contrat, de l'assureur et des fonds que vous avez choisi, il change tous les ans
- Durant la phase d'épargne, vous ne payez aucun impôt
- La sortie en capital va générer des taxes sur les intérêts et les plus-values, en fonction de l'âge du contrat :

    - avant 8 ans : le taux unique est de 30% (12,8% d'impôts et 17,2% de prélèvements sociaux)
    - après 8 ans : taux de 24,7% en-dessous de 150 000 euros d'encours global, et 30% au-dessus de ce seuil

Il est donc plus avantageux de conserver son assurance-vie au minimum 8 ans avant de sortir son épargne. Ce taux s'applique uniquement aux intérêts, pas au capital déjà investi.

La sortie en rente trimestrielle n'a pas la même fiscalité, elle peut être versée au souscripteur ou au bénéficiaire du contrat.

La rente est soumise à l'impôt sur le revenu ainsi qu'aux prélèvements sociaux mais uniquement pour une fraction de leur montant, déterminée selon l'âge du bénéficiaire à la date de la mise en place de la rente :

Libérale 2.0

Age du bénéficiaire de la rente	Fraction imposable à l'impôt sur le revenu
Moins de 50 ans	70%
De 50 à 59 ans	50%
De 60 à 69 ans	40%
Au-delà de 70 ans	30%

Fig 9.5: Fraction imposable des rentes de l'assurance vie en fonction de l'âge du bénéficiaire - Source : impots.gouv.fr

Exemple:

Pour une rente annuelle de 10 000€, Mme G 65 ans aura une fraction imposable de 10000 x 40%= 4000€.

Donc elle sera imposée sur le revenu sur cette fraction et aura aussi les prélèvements sociaux à régler.

Il faudrait donc déclencher ce contrat après 70 ans pour bénéficier de la meilleure fiscalité.

Il est conseillé de ne pas dépasser 100 000€ d'épargne sur un contrat d'assurance-vie. Car en cas de faillite de l'établissement dans lequel vous avez souscrit, c'est la somme qui vous sera reversée par la garantie, pas un centime de plus.

Il est donc préférable d'ouvrir plusieurs assurances-vie, chez des organismes différents, si vous dépassez ce seuil.

7.3 Comment fonctionne une assurance-vie?

Les versements effectués sur un contrat d'assurance vie (PER également) sont généralement répartis entre 2 types de supports:

- les fonds euros : fonds sécurisés à capital garanti
- les unités de compte: fonds non garantis, fonds en actions, obligations, sociétés immobilières (SCPI)...

Le souscripteur peut choisir la répartition ou s'il ne veut pas gérer cette partie, demander une gestion pilotée par son assureur.

Il existe plusieurs profils de gestion en assurance vie:

- dynamique
- équilibré
- prudent

Comme pour le PER, il est recommandé de commencer sur un profil dynamique si possible et de diminuer le risque au cours de sa vie. En arrivant à la retraite, il faut sécuriser son épargne et repasser sur un profil prudent.

7.4 Comment choisir son assurance-vie?

C'est finalement sur ce point qu'il faut être le plus vigilant, car ouvrir une assurance-vie, c'est déjà une bonne initiative.

Encore faut-il l'ouvrir au bon endroit.

Car oui, tous les contrats ne se valent pas, les frais engendrés par certains organismes grignotent chaque année l'épargne établie. Vous devez donc étudier les frais du contrat proposé.

Voici donc les frais qui peuvent être appliqués :

- Frais d'entrée: forfaitaire ou proportionnel au capital investi
- Frais de versements: proportionnel à chaque versement, de 0 à 6% en fonction de contrats
- Frais de gestion: si gestion pilotée ou profilée par exemple
- Frais internes: souvent liés aux performances
- Frais d'arbitrage: lorsque vous voulez changez vos supports ou de profil par exemple
- Frais de sortie: lorsque vous récupérez une partie de votre épargne

En fonction de ces frais, vous serez si vous avez un contrat avantageux ou non.

Dans la majorité des cas, ce sont les contrats en ligne qui sont les plus intéressants (Linxea, Yomoni, bourse directe…)

En 2023, voici le top des assurances-vie selon le blog épargnant 3.0, indépendant :

Libéraux, protégez-vous!

#	CONTRAT	FRAIS ANNUELS SUR UC	FRAIS D'ENTREE	PERFOMANCE FONDS EUROS 2022
1	Linxea Spirit 2 (Spirica – Crédit Agricole)	0,5%	0%	Jusqu'à 2,3%
2	Linxea Avenir (Suravenir – Crédit Mutuel Arkea)	0,6%	0%	Jusqu'à 2,1%
3	Puissance Sélection d'Assurancevie.com (Generali)	0,6%	0%	Jusqu'à 3,06%
4	Placement Direct Vie (Swiss Life)	0,5% à 0,8%	0%	Jusqu'à 3,25%
5	Evolution Vie d'Assurancevie.com (Aviva)	0,6%	0%	Jusqu'à 3,22%
6	Boursorama Vie (Generali)	0,6%	0%	Jusqu'à 2,6%
7	Linxea Zen (Apicil)	0,6%	0%	Jusqu'à 1,85%

Fig 9.6: Classement des Assurances-vie en 2023 - Source: Epargnant3.0.fr

7.5 Quelle est la différence entre l'assurance-vie et le PER?

Ces 2 contrats ont énormément de points communs, que ce soit les fonds sur lesquels on investit ou sur le mode de fonctionnement.

Mais le PER est primordial pour préparer sa retraite, tout en générant une défiscalisation annuelle et donc en faisant baisser votre imposition sur le revenu.

L'assurance vie est plus polyvalente, plus flexible car elle peut servir pour votre retraite, pour épargner pour un grand projet ou pour un accident de vie et pour transmettre votre patrimoine. Mais elle ne permet aucune défiscalisation.

Ces 2 contrats sont donc complémentaires.

A mon sens, en tant que libéral, il faudrait souscrire à un contrat de chaque. Et ouvrir en priorité une assurance-vie pour bénéficier au bout de 8 ans d'une fiscalité plus avantageuse.

Si un jour votre activité professionnelle ne fonctionne plus et que vous vous retrouvez en liquidation judiciaire ou que vous êtes victime d'un accident de la vie. Sachez que vous pourrez retirer votre capital sans imposition avec votre contrat d'assurance-vie.

8-Conclusion:

Maintenant que nous avons étudié l'ensemble des contrats facultatifs (mais nécessaires) à un professionnel libéral pour sa protection, la préparation de sa retraite et son épargne:

1. Mutuelle
2. Prévoyance
3. PER
4. Assurance-vie

Observons ensemble, comment fonctionne le système des impôts en France:

Libéraux, protégez-vous!

- Quelles sont les tranches d'imposition?
- Comment fonctionne la célèbre TMI (Tranche Marginale d'Imposition) ?
- Quelles sont les astuces pour diminuer son revenu imposable?

Nous avons déjà parlé du PER qui permet de défiscaliser chaque année, mais d'autres solutions sont possibles.

Libérale 2.0

Comprendre l'imposition en France!

Après avoir finalisé la compréhension sur toutes les charges que vous payez en tant qu'indépendant libéral. Il était, selon moi, indispensable de parler de l'imposition sur les revenus en France.

En effet, après avoir payé toutes vos charges, il reste encore l'étape de l'imposition qui va de nouveau impacter votre revenu, selon le bénéfice que vous déclarez.

Étudions donc ensemble, le fonctionnement de l'imposition sur le revenu en France, aujourd'hui en 2023.

- Quelles sont les tranches marginales d'imposition et comment fonctionnent-elles?
- A quoi servent les impôts et que financent-ils?
- Quelles sont les astuces pour réduire son imposition?

1-La Tranche Marginale d'Imposition (TMI):

La tranche marginale d'imposition (TMI) d'un contribuable correspond au taux auquel est imposée la dernière tranche de son revenu.

Libérale 2.0

En effet, l'impôt sur le revenu est progressif et possède plusieurs tranches, classées comme suit:

Revenu annuel net imposable				
Tranche 1	Tranche 2	Tranche 3	Tranche 4	Tranche 5
Jusqu'à 10 777 €	De 10 778 € à 27 478 €	De 27 479 € à 78 570 €	De 78 571 € à 168 994 €	Plus de 168 994 €
0 %	11 %	30 %	41 %	45 %

Fig 10.1: Barème progressif des différentes tranches d'imposition en 2023 - Source: impots.gouv.fr

Donc l'idée de posséder une tranche et d'être imposée sur cette dernière est fausse.

Exemple:

Mme R, célibataire, déclare 55 000€ de revenus annuel. Elle n'est pas imposée à 30%, soit 16 500€ sur 55 000€.

Comment s'effectue véritablement le calcul pour Mme R qui gagne 55 000€ annuellement ?

- Mme R célibataire possède 1 part, donc elle est imposée sur 55 000/1 = 55 000€

Elle sera imposée:

- A 0% jusqu'à 10 777€, soit 0€
- A 11% de 10 778 à 27 478€, soit 1837€
- A 30% de 27 479 à 55 000€, soit 8256.30€

Comprendre l'imposition en France!

- Au total Mme R subira une imposition de 10 093.30€
- Sa TMI est de 30% annuellement et son taux global est de 18%

La TMI correspond donc à la tranche sur laquelle vous êtes le plus imposé, ici 30% pour Mme R.

Le taux global représente le pourcentage moyen sur lequel Mme R va être imposé soit 18% sur 55 000€.

Dans le cas où vous effectuez votre déclaration en couple ou séparément avec un ou plusieurs enfants. Voici la répartition des parts du quotient familial en 2023:

Nombre d'enfants	Nombre de parts de quotient familial	
	Célibataire, divorcé ou veuf	Couple marié ou pacsé
0	1	2
1	1,5	2,5
2	2	3
3	3	4
4	4	5
par enfant supplémentaire	1	1

Fig 10.2: Parts du quotient familial en fonction de votre cas personnel - Source: economie.gouv.fr

Il faudra donc ici, additionner le revenu imposable des partenaires du couple pour ensuite le diviser par le nombre de parts correspondantes.

> Exemple:
>
> Un couple marié avec 3 enfants qui déclare 100 000€ de revenus annuels :
>
> Ce couple possède 4 parts, on divise donc: 100 000/4 = 25 000€, correspondant à la base imposable pour ce foyer
>
> - 0% de 0 à 10 777, soit 0€
> - 11% de 10 778 à 25 000€, soit 1564€
> - Soit un total de 1564 x 4 parts = 6256€ de revenu imposable pour ce foyer de 5 personnes
>
> La TMI de ce foyer est de 11%

Pour information le quotient familial désigne le nombre de parts affectées à chaque foyer fiscal pour le calcul de l'impôt sur le revenu.

L'objectif est d'ajuster le montant de l'impôt aux capacités contributives de chaque foyer (situation, charges de la famille).

A présent, vous avez assimilé comment fonctionne le prélèvement sur l'impôt.

Vous pouvez ainsi reprendre les personnes qui pensent encore que monter d'une tranche, c'est tout ce qu'il faut éviter.

Alors que factuellement en montant d'une tranche, vous serez imposé plus fortement sur les revenus de cette dernière, mais pas sur l'ensemble de vos revenus.

Comprendre l'imposition en France!

Justement voyons, comment est utilisé l'argent que nous payons chaque année à l'État. Quelles types de projets et d'infrastructures financent nos impôts.

2-Les impôts, à quoi servent-ils?

Le budget de l'État est voté chaque année par le Parlement.

La loi de finances et la loi de financement de la sécurité sociale ont pour objet de fixer les ressources et les dépenses de l'État et de la sécurité sociale sur une année civile.

Voici à quoi correspond la répartition faites en 2019 pour 1000€ d'argent public dépensé:

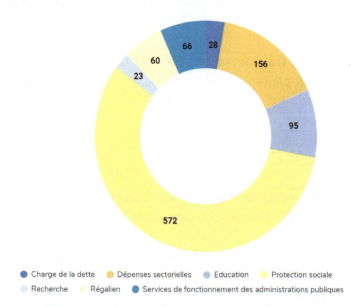

Fig 10.3: Répartition du budget de l'Etat en 2019 - Souce: aft.gouv.fr

1 C'est la protection sociale qui sort championne de la dépense en France avec 572€ utilisés sur 1000. Elle comprend:

- Les retraites: 262€
- La santé: 195€
- La famille: 41€
- Le chômage: 33€
- L'aide au logement: 15€
- Autre solidarité: 26€

2 Les dépenses sectorielles arrivent en seconde position:

- La culture: 26€
- Affaires économiques: 58€
- L'environnement: 17€
- Les infrastructures: 8€
- Transport d'équipements collectifs: 47€

3 L'éducation en troisième position avec 95€.

4 Le service au fonctionnement des administrations publiques se situe au pied du podium et représente 66€.

5 La triade du Régalien (60€) prend la cinquième position et est représenté par la :

- Défense 31€
- Justice 4€
- Sécurité 25€

6 La charge de la dette (28€) **et l'investissement pour la recherche** (23€) referment ce classement.

Au fil de son histoire, la France a choisi un système solidaire de répartition des richesses favorisant une meilleure équité entre les citoyens.

Ce système repose sur 2 principes:

- Le barème progressif de l'impôt sur le revenu: plus le revenu d'une personne est élevé, plus il aura un taux de cotisation important

- Les cotisations sociales: elles financent le chômage et les aides en général

En conclusion, on peut noter que la France a pris le parti d'avoir des valeurs fiscales solidaires entre les citoyens.

Le contribuable va donc financer le système collectif afin d'éviter les inégalités de la société.

Le prochain item va nous permettre d'aborder les astuces qui existent aujourd'hui pour diminuer son imposition.

Nous avons déjà étudié ensemble les contrats Madelin et le PER qui permet d'avoir un impact sur cette dernière.

Observons à présent d' autres alternatives pour amoindrir à nouveau ce prélèvement.

3-Faire diminuer son imposition:

3.1 Diminuer son bénéfice:

Dans un premier temps, la solution la plus simple pour affaiblir son imposition est de faire diminuer son bénéfice.

Libérale 2.0

Je ne vais pas ici vous demander de travailler moins, quoi que…

Les libéraux sont très souvent touchés par le burn out professionnel. Alors, évitez de vous retrouver trop souvent la tête dans le guidon.

Mais alors, comment faire pour diminuer son bénéfice?

Tout simplement en imputant toute charge présente dans votre vie professionnelle, sans rien omettre.

Lorsque vous achetez un nouveau téléphone, un ordinateur, n'oubliez pas d'imputer la facture sur votre activité professionnelle. Cela permettra de créer un ou plusieurs amortissements disponibles pendant quelques années.

Renseignez vous sur le meilleur choix de financement pour votre véhicule. L'achat permet aussi de créer un gros amortissement sur plusieurs années. Le leasing est une belle solution également, sans prise de tête car tout est inclus: assurance, entretien, réparations et location du véhicule (cf Chapitre "Tenir sa comptabilité" - Les frais de véhicule).

Il existe également 2 types de prise en charge pour les repas, le professionnel et celui sur le lieu de travail.

Le repas professionnel est considéré comme un rendez-vous pour votre activité avec des interlocuteurs extérieurs, il est pris à 100% en charge. Il est considéré comme un temps de travail dans votre activité.
Tandis que le repas sur le lieu de travail est pris en charge au maximum à 20,20€, auquel on soustrait 5,20€ en 2023.

Comprendre l'imposition en France!

Donc l'idée est de passer un maximum de choses sur votre exercice comptable. Voici quelques exemples de frais qui passent parfois à la trappe:

- Si vous exercez à domicile, loyer de l'usage mixte du local
- Abonnement téléphonique et box internet
- Blanchissage des vêtements professionnels
- Achat ou leasing de votre voiture
- Repas
- Achat ordinateur/téléphone

Ensuite, il est conseillé d'effectuer régulièrement des petits travaux de réparation, de racheter du mobilier, de se moderniser.

Attention tout de même, tout achat doit être justifié pour votre activité. Si l'administration fiscale vous contrôle, vous devez expliquer toutes les dépenses.

Enfin, si vous avez vraiment effectué une grosse année et que c'est possible dans votre secteur. Pensez à régler tous vos fournisseurs en avance entre Novembre et Décembre, même si ces derniers vous livrent plus tard.

Néanmoins soyez prudents. Si vous souhaitez emprunter prochainement pour un achat immobilier, ne jouez pas au plus malin avant l'obtention d'un prêt. Car si vous diminuez drastiquement votre bénéfice, vous aurez une capacité d'emprunt beaucoup plus faible que prévu et vous serez donc bloqué pour un futur achat.

3.2 Contrats Madelin et PER:

Déjà observés dans le chapitre sur la protection des libéraux, les contrats Madelin (prévoyance et mutuelle) permettent une déduction fiscale chaque année, tout en vous assurant une protection complémentaire en cas d'accident de la vie.

Ce seraient les 2 contrats que je prendrais en priorité, lors d'un début d'activité.

Le PER (plan d'épargne retraite) est un produit très intéressant pour les indépendants qui ont une TMI importante, supérieure ou égale à 30%.

Il permet de préparer votre retraite, tout en défiscalisant chaque année une partie de vos cotisations. C'est le produit le plus efficace pour faire diminuer drastiquement son imposition.

Le seul inconvénient est que votre argent est bloqué sur ce PER. Et les conditions de sortie sont tout de même présentes mais restent assez restrictives.

3.3 Faire appel à du personnel à domicile:

La nature de l'emploi à domicile peut être la garde d'enfants, le ménage, les travaux de jardinage, les travaux de bricolage, les soins esthétiques, les services domestiques, le soutien scolaire, le repassage, la préparation de repas à domicile...

Le crédit d'impôt est égal à 50 % du montant des dépenses engagées au titre de l'emploi d'un salarié à domicile dans la limite de 12 000€ par an.

Comprendre l'imposition en France!

Ce crédit d'impôt est possible pour la résidence principale ou secondaire du contribuable en France.

Le salarié peut être directement employé par le particulier, par une association, une entreprise ou un organisme déclaré.

Cette déduction se fera sur votre 2042 (déclaration fiscale de votre foyer).

3.4 Réaliser des travaux d'économie d'énergie à votre domicile:

Dans ce cas, vous devez engager des travaux qui vont permettre l'amélioration de votre habitat d'un point de vue énergétique.

Exemples des travaux concernés:

- Chaudière à haute performance énergétique
- Pompe à chaleur autre que air/air
- Remplacement de fenêtre de simple à double vitrage
- Isolation intérieur ou extérieur
- Système de charge pour véhicule électrique

Ici, vous aurez le droit à un crédit d'impôt en fonction de votre revenu imposable et des travaux engagés. Vous pouvez retrouver le détail sur le site des impôts.

3.5 Effectuer des dons:

Si vous êtes sensible à une cause ou que vous souhaitez soutenir une association, il est possible d'effectuer des dons à ces dernières.

En contrepartie, 66% de la valeur du don est défiscalisable à hauteur de 20% maximum de votre revenu imposable.

Exemple:

Mr F fait un don de 2000€ à une association de protection animale proche de chez lui.

Il pourra déduire l'année suivante, 66% de cette somme soit 1320€ sur ses impôts sur le revenu.

Dans le cas où vous faites un don aux organismes venant aux personnes en grande difficulté (Resto du cœur, fondation Abbé Pierre, Croix rouge, Secours populaire…) ce taux atteint 75% jusqu'à 1000€, puis retombe à 66% au-delà.

Si vous faites partie d'une association et que vous effectuez des trajets pour cette dernière. Vous pouvez déduire les indemnités kilométriques de tous les trajets à hauteur de 66%. Finalement ces kilomètres sont considérés comme un don pour l'association.

3.6 Acheter des chèques vacances:

Depuis 2009, les professions libérales peuvent se procurer des chèques vacances auprès de l'ANCV (Agence Nationale des Chèques Vacances).

L'intérêt est de déduire de votre chiffre d'affaires une partie de ces chèques vacances.

Comprendre l'imposition en France!

Pour un libéral sans salarié, il est possible de déduire jusqu'à 524€ en 2023.

Pour cela, il suffit de vous connecter sur le site de l'ANCV et de vous inscrire, il vous en coûtera 75€ pour l'inscription. Puis, vous paierez chaque année, uniquement les frais d'envoi. Cette cotisation et ces frais sont déductibles également de votre chiffre d'affaires, donc n'oubliez pas d'utiliser votre compte professionnel.

Les chèques vacances permettent de régler en vacances ou en week-ends dans plus de 200 000 points de vente:

- Les frais de déplacements (avion, train, agence de voyages..)
- La restauration
- L'hébergement
- Les loisirs (parcs d'attractions, activités sportives, musées, théâtre, cinéma…)

3.7 Investir dans des fonds:

- Les FCPI et FIP ont été créés par la loi Finances 1997 et ont pour but principal, le financement du développement des PME (petite et moyenne entreprise) et TPE (très petite entreprise) régionales.

    Elles sont créés sur une année pour collecter des fonds auprès d'investisseurs, puis sont clos au terme de cette même année.

Libérale 2.0

- Les FIP (Fonds d'Investissement de Proximité) sont semblables aux FCPI à la différence de la répartition des fonds.

Ces sociétés peuvent faire partie d'un éventail de secteurs assez large.

Si vous souhaitez investir dans ce type de produits, n'hésitez pas à multiplier les petits tickets plutôt que de tout parier sur le même cheval. Ces investissements restent tout de même risqués, mais l'avantage fiscal est intéressant.

En effet, la réduction d'impôt correspond à 25% du montant engagé dans la limite de 12 000€ pour une personne seule (soit 3000€ de réduction fiscale) ou 24 000€ pour un couple à imposition commun (soit 6 000€ d'abattement fiscal).

Les FIP présents en Corse ou Outre-Mer ont un taux encore plus avantageux de 30% de réduction fiscale.

Les avantages fiscaux sont débloqués au bout de 5 ans de détention des parts de FCPI ou FPI.

- Les SOFICA (Sociétés de financement de l'industrie cinématographique et de l'audiovisuel) servent au financement d'œuvres cinématographiques et audiovisuelles.

En contrepartie, elles bénéficient de droit aux recettes sur l'exploitation des œuvres dans lesquelles elles investissent.

Elles s'engagent uniquement dans des œuvres tournées en langue française et 90% des fonds collectés doivent être investis dans un délai de 12 mois après la date d'immatriculation de la société au registre du commerce et des sociétés.

La réduction d'impôt suite à un investissement dans ce genre de produits est de 30%.

Les sommes investies ne peuvent excéder 25% du revenu net global de l'investisseur et sont plafonnées à 18 000€ annuellement. Par conséquent, la somme maximale de réduction fiscale est de 5 400€ (si 18 000€ investi).

Pour obtenir ces réductions fiscales, l'investisseur doit garder ses parts pendant 5 ans minimum.

- Les SCPI (société civile de placement immobilier) collectent les fonds d'investisseurs et achètent ensuite des biens immobiliers en commun.

Les revenus générés par ces investissements sont ensuite redistribués aux investisseurs qui détiennent des parts dans la SCPI en question.

3.8 Immobilier en Pinel:

Pour défiscaliser tout en achetant un bien immobilier, vous pouvez vous tourner vers la loi Pinel. Il s'agit d'un dispositif mis en place en 2014 par la ministre du logement Mme Sylvia

Pinel afin de relancer la construction de résidences neuves en France.

Cette loi promet aux futurs investisseurs d'accéder à la propriété d'un appartement pour du locatif sous certaines conditions.

Le premier avantage de la loi Pinel est sans nul doute sa réduction d'impôt qui est proportionnelle au nombre d'années durant lesquelles vous vous engagez à louer votre bien 6, 9 ou 12 ans.

Cette réduction d'impôt prend effet si le logement est mis en location pour une durée minimale de 6 ans et dans la limite de 2 biens et de 300 000 € d'investissement par an.

En 2022, si un contribuable possédait un logement dans le cadre du dispositif Pinel, il pouvait profiter d'une réduction d'impôt allant jusqu'à 6 000 € par an.

La réduction d'impôt prévue par la loi Pinel en 2022 était de 12% pour un engagement de 6 ans, 18% pour 9 ans et 21% pour 12 ans.

En 2023 et 2024, ces taux sont revus à la baisse:

Taux de réduction d'impôts	2021-2022	2023	2024
6 ans	12,0%	10,5%	9,0%
9 ans	18,0%	15,0%	12,0%
12 ans	21,0%	17,5%	14,0%

Fig 10.7: Taux de réduction du Pinel en fonction des années - Source: lesexpertsduneuf.com

Pour pouvoir bénéficier de cet avantage, votre futur bien doit se situer dans une zone Pinel éligible et être neuf.

La location doit être non meublée et louée à titre de résidence principale pour le locataire.

Les loyers sont plafonnés pour vos futurs locataires mais vous pouvez louer le bien à votre famille (ascendants ou descendants) s'ils ne dépassent pas le plafond de ressource:

COMPOSITION DU FOYER FISCAL (LOCATAIRE)	A BIS	A	B1	B2	C
Personne seule	38 377 €	38 377 €	31 280 €	28 152 €	28 152 €
Couple	57 357 €	57 357 €	41 772 €	37 594 €	37 594 €
Personne seule ou couple avec 1 personne à charge	75 188 €	68 946 €	50 233 €	45 210 €	45 210 €
Personne seule ou couple avec 2 personnes à charge	89 769 €	82 586 €	60 643 €	54 579 €	54 579 €
Personne seule ou couple avec 3 personnes à charge	106 807 €	97 766 €	71 340 €	64 206 €	64 206 €
Personne seule ou couple avec 4 personnes à charge	120 186 €	110 017 €	80 399 €	72 359 €	72 359 €
Majoration par personne à charge supplémentaire	+13 390 €	+12 258 €	+8 969 €	+8 070 €	+8 070 €

Fig 10.8: Plafonnement des loyers en Pinel - Source: ultimea.fr

La loi Pinel est donc un bon dispositif pour associer défiscalisation et investissement.

Oui mais…

Sur le papier, c'est un investissement super attrayant je vous l'accorde, mais la réalité n'est pas si belle.

La majorité des biens qui se vendent en loi Pinel sont plus chers de 20 à 30% par rapport au prix du marché. C'est vrai que les appartements sont neufs mais cela ne vaut pas réellement cet écart.

De plus, à force de faire du Pinel un peu partout en France, on se retrouve avec des résidences dans des localités où il n'y a pas assez de demandes de locataires par rapport à l'offre.

Donc certains propriétaires se retrouvent avec un crédit à payer mais sans locataire et donc sans revenus locatifs pour couvrir ce dernier.

Ensuite, Pinel permet de défiscaliser sur 6, 9 ou 12 ans donc tous les investisseurs dans ces résidences vont revendre leur appartement quasiment au même moment puisqu'ils n'auront plus de défiscalisation grâce à ce dernier.

Quand les offres de biens sont plus importantes que les demandes, c'est souvent signe d'une diminution des prix des appartements.

Certains qui ont investi en Pinel ont vendu leur appartement (12 ans après) moins cher que le prix d'achat initial.

Les loyers sont plafonnés, il ne couvre jamais le prix de votre crédit, vous avez donc un effort d'épargne à faire chaque mois. Ce qui n'est pas viable quand on commence à s'intéresser à l'investissement immobilier.

Enfin, la défiscalisation sur vos impôts est bien présente sur toutes ces années mais si elle correspond au 20-30% du prix supplémentaire à l'achat, à quoi bon?

En conclusion, le Pinel est pour moi un excellent choix pour quelqu'un qui n'a vraiment pas le temps de s'occuper de ce genre de formalités.

Il peut tout dédier à un organisme qui achète, surveille les travaux et trouve un locataire ensuite. Cela lui permettra de défiscaliser sur quelques années, mais ce n'est vraiment pas une solution optimale.

A mon sens, il existe des moyens d'investir en immobilier, bien plus intéressants même si la défiscalisation n'est pas aussi présente. Je vous explique tout ça dans le prochain chapitre.

Libérale 2.0

L'immobilier pour le libéral

Comme vous l'aurez constaté précédemment, je ne suis pas une grande fan du dispositif Pinel en immobilier.

Pour dire vrai, quand j'ai commencé à m'intéresser à l'investissement locatif, c'est ce système que j'ai découvert en premier car c'est celui mis en avant par l'État. Et sur le papier, j'ai trouvé ça hyper intéressant de louer tout en défiscalisant.

Mais après avoir fait mes petites recherches, j'ai compris que ce n'était vraiment pas le dispositif le plus avantageux, si l'on veut se construire un patrimoine.

En effet, si votre objectif n'est pas de défiscaliser à tout prix mais de vous créer un patrimoine rentable sans être imposé, vous êtes au bon endroit.

1-Investir en nom propre:

Lorsque vous achetez personnellement un bien immobilier en France pour le mettre en location ensuite. On dit que vous devenez propriétaire en nom propre.

Il est également possible d'acheter un bien par l'intermédiaire de société comme une SCI (Société Civile Immobilière) mais nous verrons cela plus loin.

En nom propre, il est possible de louer votre bien de 2 manières différentes qui vont énormément influer sur votre rendement ensuite:

- La location nue
- La location meublée

C'est ici que les investisseurs français font souvent le mauvais choix. En effet, ces derniers pensent qu'investir dans la pierre est une excellente opportunité pour se créer un patrimoine. C'est juste, mais dans la majorité des cas, ils ne se renseignent pas suffisamment sur la fiscalité du locatif et cela peut leur coûter très cher.

En France, on loue en majorité les appartements et les maisons en location nue, c'est-à-dire sans meubles. Seulement, nous allons observer que la location meublée est un dispositif bien plus intéressant.

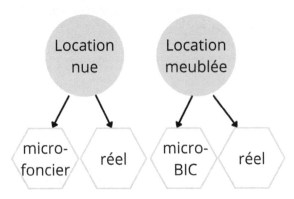

Fig 11.1: Choix fiscaux en immobilier locatif en nom propre - Source: Rouméjon Charlotte

Que l'on adopte la location nue ou le meublé, il faudra également faire le choix entre 2 dispositifs fiscaux, le micro ou le réel (un peu comme en libéral avec le choix entre la micro entreprise et la déclaration contrôlée au régime réel).

Maintenant que vous avez aperçu les 4 modèles de location en nom propre, observons les avantages et les inconvénients de chacun.

L'option retenue va influer sur l'imposition de vos revenus locatifs, c'est-à-dire sur les loyers que vous allez percevoir par votre futur locataire.

1.1 En location nue:

Vous avez le choix entre le dispositif micro foncier et le réel:

- **En micro-foncier**, les revenus locatifs ne peuvent excéder 15 000€/an (sinon passage au réel).
  L'administration fiscale va abattre 30% de vos revenus locatifs. Donc vous serez imposés sur 70% de ces derniers.

  C'est donc un choix simple mais comme vous le verrez ensuite, peu avantageux.

- **Au régime réel**, les revenus locatifs peuvent excéder 15 000€ mais vous pouvez aussi choisir ce statut en-deçà de ce montant.

  Vous allez pouvoir déduire toutes les charges réelles qui concernent votre bien en location:

    - Travaux
    - Gestion de garde

- Frais d'agence
- Frais de syndic
- Frais de procédure
- Assurances
- Taxe foncière
- Intérêts du crédit
- Entretien et réparations
- Frais de notaire

Dans le cas d'une location nue, il faut donc calculer si toutes vos charges cumulées dépassent 30%. Si c'est le cas, il est plus avantageux d'être au régime réel. Mais ce dispositif impose au propriétaire de justifier ces frais chaque année et donc de tenir une comptabilité.

Exemple:

Mr T, propriétaire d'un F3 en banlieue bordelaise touche 10 000€ de revenus locatifs annuellement grâce à cet appartement. Comparons les 2 régimes:

Micro-Foncier	Réel
loyers: 10 000€/an	loyers: 10 000€/an
abattement avant impôt: 30% donc abattement de 3000€	taxe foncière: 1000€ intérêt d'emprunt: 1500€ travaux d'entretien: 1500€ assurance: 1000€ total charges réelles: 6000€
imposable sur 7000€	imposable sur 4000€
impôt total 1974€	impôt total 1128€

Fig 11.2: Comparaison des 2 statuts fiscaux en location nue

L'immobilier pour le libéral

> Dans ce cas, Mr T devrait choisir le régime réel pour son appartement loué nu.
>
> Mais comme vous allez pouvoir le constater, il aurait pu faire encore mieux en choisissant de le louer en meublé.

1.2 En location meublé:

A nouveau, vous avez le choix entre 2 dispositifs fiscaux:

- **En Micro-BIC**, l'administration fiscale va abattre ici 50% de vos revenus locatifs. Vous serez donc imposé sur les 50% restants.

    Vos revenus locatifs ne doivent pas excéder 72 600€ annuels pour garder ce statut.

    On remarque déjà l'avantage entre le nu et le meublé sur les choix fiscaux. Puisqu'en location nue "micro-foncier" vous avez seulement droit à un abattement de 30% par rapport à 50%, ici.

- **Le régime réel** peut être choisi pour tous les propriétaires en meublé.

    Il reprend les mêmes caractéristiques que le régime réel en location nue. Vous aurez donc à abattre tous les frais réels comme vu précédemment (assurances, taxe foncière, frais d'agence…).

    Mais la véritable force de ce choix fiscal se nomme "l'amortissement du bien".

Libérale 2.0

En effet, c'est le seul choix fiscal qui permet d'inclure dans vos dépenses cette charge équivalente à la dépréciation de votre bien immobilier.

Exemple:

Mr T a acheté son F3 dans la banlieue bordelaise au prix de 100 000€.
Il va pouvoir déduire une partie de son achat, progressivement chaque année, correspondant à l'usure de l'état du bien.

Cette astuce permet à Mr T de gonfler ses dépenses chaque année (sans pour autant sortir plus d'argent) afin d'obtenir un résultat entre ses revenus locatifs et ses charges de 0€.

Ainsi Mr T, ne paiera aucun impôt sur cet investissement pendant de nombreuses années.

Une fois que le bien sera totalement amorti, il devra payer des impôts sur ses revenus locatifs ou revendre son bien pour réinvestir et reproduire le même dispositif.

De manière générale (même si c'est le comptable qui doit faire le calcul), on évalue à 85% le taux amortissable pour un appartement. Les 15 % restants représentent la valeur du terrain qui ne peut se déprécier avec le temps.

Donc dans le cas de Mr T qui a acheté son bien 100 000€. S'il choisit de louer en meublé et en optant pour le régime réel. Il pourra amortir 85 000€ de dépréciation de son bien sur plusieurs années.

Aujourd'hui il a déjà 6000€ de charges fixes annuellement et reçoit 10 000€ de revenus locatifs.
Pour arriver à un résultat net de 0€ et ainsi ne pas payer d'impôts. Mr T doit amortir 4000 € de son bien tous les ans.

Et il pourra reproduire cette opération pendant 21 ans, puisqu'il atteindra à cette date la fin de son amortissement (21x4000= 84 000€).

Même si nous allons faire le comparatif chiffré entre ces 2 statuts, le choix du régime en réel meublé reste l'option la plus avantageuse lorsqu'un investisseur veut faire du locatif.

On l'appelle le LMNP (Location Meublée Non Professionnelle) et c'est devenu le meilleur allié de tous les propriétaires qui s'intéressent de près à leur patrimoine.

Micro-BIC	Meublé réel
loyers: 10 000€/an	loyers: 10 000€/an
abattement avant impôt : 50% soit abattement de 5000€	taxe foncière : 1000€ intérêt d'emprunt : 1500€ travaux d'entretien : 1500€ assurance: 1000€ amortissement bien : 4000€ soit charges réelles 10 000€
imposable sur 5000€	imposable sur 0€
impôt de 1410€	impôt de 0€

Fig 11.3: Comparaison des 2 statuts en location meublé - Source: Lmnp-expert.fr

Nous avons donc comparé les 4 situations avec le même propriétaire (revenus et charges similaires).

Et si on devait comparer avec de nombreux autres cas, on arriverait quasiment toujours à la même conclusion.

La location meublée avec le choix au régime réel est souvent la meilleure solution pour ne payer aucun impôt supplémentaire, tout en se construisant un patrimoine.

Néanmoins, il existe une règle qui peut remettre votre stratégie en cause. Les revenus en LMNP au réel ne doivent pas excéder 23 000€ annuel ou 50% de vos revenus soumis à l'impôt sur le revenu.

Donc, on ne peut reproduire ce montage ad vitam eternam mais c'est la meilleure stratégie pour débuter.

Si vous atteignez un jour le plafond, vous pouvez décider de passer en LMP (location meublé professionnelle) et dans ce cas vous devez payer des cotisations sociales. Ou vous pouvez également acheter sous le nom d'une société, type SCI, c'est ce que nous allons aborder dans le prochain item.

Dernière chose, le LMNP est soumis à la tenue d'une comptabilité, c'est donc aussi plus de démarches administratives mais ne vous inquiétez pas car les frais comptables font aussi partie des charges. Et certaines plateformes se sont lancées sur le net pour vous accompagner et simplifier vos démarches comptables et fiscales (jedéclaremonmeublé, LMNP expert…).

2-Investir en société (SCI):

La SCI (Société Civile Immobilière) est le statut le plus répandu dans l'investissement immobilier en France et vous allez comprendre pourquoi.

C'est une structure juridique constituée a minima de deux personnes, chacune ayant le statut d'associé, permettant de gérer un ou plusieurs biens immobiliers.

La Société Civile Immobilière facilite la gestion et la transmission du patrimoine immobilier.

Dans le cadre d'une SCI, les dettes et bénéfices engendrés par le bien détenu par la société sont répartis entre les associés. Ainsi, si des travaux doivent être accomplis sur les biens détenus, leur coût est assumé par l'ensemble des associés, à hauteur des parts sociales qu'ils détiennent.

De plus, obtenir a minima l'accord des associés représentant la majorité des parts sociales de la société est nécessaire pour procéder à la cession du bien.

Si, en tant que parents, vous souhaitez transmettre un bien immobilier à vos enfants, vous pouvez leur céder des parts de votre SCI de manière successive. Vous bénéficiez ainsi des abattements prévus pour les droits de succession en ligne directe, s'élevant à 100 000 € par enfant pour chaque donation, renouvelable tous les 15 ans.

2.1 Création d'une SCI:

Afin de constituer une SCI, faites appel à un expert comptable, un notaire ou à un avocat pour :

- Rédiger les statuts, indiquant notamment le gérant et le siège social de la société
- Constituer et déposer le capital auprès d'une banque
- Publier un avis de création de votre société dans un journal d'annonces légales
- Procéder à l'immatriculation de la société en ligne sur le site du guichet des formalités des entreprises

2.2 SCI à l'IR (Impôt sur le Revenu) ou à l'IS (Impôt sur les Sociétés)?

Lorsqu'une SCI est soumise à l'IR, on parle de "SCI transparente". Cela signifie que la société n'est pas directement imposée, ses bénéfices sont imposés à travers les associés.

En effet, ces derniers vont déclarer le montant des bénéfices correspondant à leur quote-part dans le capital social et seront imposés dessus au titre de l'impôt sur le revenu.

Ce mécanisme permet à chaque associé de la SCI d'être imposé selon son propre taux d'imposition. Ainsi, s'il existe des écarts de revenus importants entre les différents associés, ils ne subiront pas la même charge d'imposition.

Tout comme en nom propre, avec un SCI à l'IR, vous avez le choix entre le régime micro-foncier ou le régime réel.

Pour faire le choix du régime micro-foncier en SCI, vos revenus fonciers ne doivent pas excéder 15.000 € par an. Ce régime vous permet de bénéficier d'un abattement de 30% pour la détermination du bénéfice imposable. Toutefois, il ne vous sera plus possible de déduire le déficit foncier.

Dans le cadre du régime réel, vous aurez l'avantage de pouvoir déduire vos charges, comme les frais engendrés par des travaux, l'assurance, les intérêts du prêt…

Si vous optez pour l'imposition de la SCI à l'IS, seule la société est imposée à un taux fixe de 25% pour les exercices comptables ouvert à compter du 1er janvier 2022. Vous pouvez également bénéficier d'un taux réduit d'IS à 15% pour la part des bénéfices compris entre 0€ et 42.500 €.

Si une SCI est soumise à l'impôt sur les sociétés, elle peut déduire les charges de son bénéfice imposable, exactement de la même manière qu'en LMNP et toujours avec l'amortissement du bien.

2.3 Pourquoi investir en SCI plutôt qu'en nom propre?

Comme énoncé précédemment, si vous êtes une personne qui n'a pas encore investi dans l'immobilier locatif, je vous conseille de partir sur un achat en nom propre via le statut du LMNP (Location Meublée Non Professionnelle) pour débuter.

Mais si vous avez déjà atteint le plafond de revenus dans ce statut ou que vous avez trouvé un bien qui demande plusieurs associés au projet, alors je vous encourage à passer par une SCI.

En effet, la SCI va vous permettre de gérer votre patrimoine dans une forme juridique encadrée. Vous pouvez transmettre vos parts à vos enfants avec une taxation avantageuse. C'est donc un bon statut pour s'associer avec des personnes de confiance.

Libérale 2.0

Mais, il y a un inconvénient en SCI. Si les associés décident de se verser des dividendes, ils vont être taxés sur ces derniers à hauteur de 30% (17,2% de prélèvements sociaux et 12,8% d'impôts sur le revenu).

Exemple:

La SCI Dutel décide de verser à ses 4 associés 10 000€ cette année, soit une somme totale de 40 000€.

Chaque associé va donc toucher 10 000 - (30% de 10 000€) soit 7 000€.

Il y a donc une forte imposition sur ces dividendes, même s'ils peuvent toujours être intéressants, notamment si le coût de l'opération immobilière est nul pour les associés.

Malgré tout, il existe une astuce très efficace pour contourner cette taxation, on l'appelle la holding.

2.4 L'effet holding?

En effet, la holding est une société qui va posséder un lien mère-fille avec votre ou vos SCI. La holding représente la société mère qui possède les parts de votre SCI fille.

Pour cela, il faut quelques conditions

- La filiale et la holding doivent être soumises à l'IS.
- La holding doit posséder au moins 5% des parts de la filiale.

- Conservation des titres par la société bénéficiaire pour une durée au moins égale à 2 ans (applicable aux titres qui représentent 5% du capital)

Grâce à cette filiation, vous allez pouvoir faire remonter vos dividendes de votre SCI vers votre holding avec une taxation bien plus intéressante que les 30% énoncés précédemment.

Le régime mère-fille permet à la holding de bénéficier d'une exonération d'imposition sur les dividendes versés, sous réserve d'une réintégration d'une quote-part de 5% pour frais et charges dans son résultat imposable.

Exemple:

J'ai une SCI à l'IS et je veux me verser 10 000€ de dividendes cette année.

Je vais donc reverser 10 000€ de dividendes directement à ma holding via le lien entre mes sociétés mère-fille..

5% des dividendes seront alors ajoutés à la base imposable de ma holding : 10 000€ x 5% = 500€

La holding sera alors imposée sur ces 500€ à hauteur de 15% si le montant de ses bénéfices est inférieur à 42 500€, soit 75€ d'impôts au lieu des 3000€ vu plus haut..

Grâce à cette diminution drastique de l'imposition, votre projet sera beaucoup plus rentable. Et vous pourrez par exemple, constituer une nouvelle SCI fille via votre holding pour investir dans un nouveau projet…

> Car le seul défaut de ce système est que l'on ne peut sortir l'argent directement, on peut simplement le réinvestir dans une autre société.

3-Trouver la bonne opportunité:

En saisissant l'importance du choix du régime fiscal, vous éviterez ainsi l'erreur n°1 des investisseurs en France.

Puisqu'en location nu ou en micro vous paierez des impôts, tandis qu'en meublé réel ou en SCI à l'IS, vous pouvez investir sans en payer plus pendant des années.

Observons à présent, les critères pour un bon investissement.

Première chose importante, ce dernier doit s'autofinancer chaque année. C'est-à- dire que vous ne devez jamais injecter une somme supplémentaire pour le crédit, les charges, la taxe foncière ou le reste. Ce que l'on appelle plus communément "l'effort d'épargne" ne doit pas faire partie de votre stratégie.

Pour moi c'est l'erreur n°2 de l'investisseur en immobilier.

En effet, pour être viable votre investissement doit être pris en charge grâce aux revenus du futur locataire.

Pour cela, lorsque vous trouvez un bien en vente, comparez le revenu locatif potentiel au prix de votre mensualité bancaire.

L'immobilier pour le libéral

Le revenu doit couvrir votre prêt et toutes les charges supplémentaires.

Il faut donc se renseigner sur le prix du locatif au m2 dans la ville ou vous investissez.

Le site meilleursagents.com permet de faire ce genre de recherche. Pour confirmer, n'hésitez pas à observer les annonces de location dans cette même ville (se loger, le boncoin) et voir si votre estimatif correspond.

Pour l'estimation de votre future mensualité de crédit, tournez vous vers meilleurtaux.com qui est une pépite pour suivre le marché des prêts immobiliers. Ce site a plusieurs outils très intéressants, dont une calculette pour évaluer les mensualités de votre futur prêt, en fonction des taux du marché.

Exemple 1:

Imaginons que vous trouvez un bien de type F2 de 50m2 à 150 000€ en centre-ville de Poitiers.

A Poitiers, le prix du m2 en location est en moyenne de 12€ en 2023. Mais votre bien se situe en centre-ville et si vous suivez toujours mes conseils, il sera meublé. Vous pouvez donc en obtenir au minimum 14€/m2.

Le loyer est donc évalué ici à 14x50, soit 700€ hors charges.

Dans un second temps, il va falloir payer 150 000€ et les frais de notaires évalués ici à 12 000€ (8% du prix du bien).

Donc, si on veut emprunter pour l'ensemble de l'opération soit 162 000€, calculons la mensualité correspondante sur 20 ans.

Avec un taux autour de 3% assurance comprise (Mars 2023), votre mensualité serait évaluée autour de 890€.

Ce ne serait donc pas suffisant pour effectuer cet investissement. Puisque le loyer ne couvrirait pas le prêt, ni les charges supplémentaires.

Exemple 2:

En banlieue parisienne, vous trouvez un F2 de 35m2 dans une petite copropriété que vous pouvez louer 790€/mois charges comprises en meublé.

Ce bien est annoncé à 100 000€ et comprend 9000€ de frais de notaires. De plus, l'appartement a besoin d'un rafraîchissement de 7000€ pour des travaux. La totalité du prêt couvrant tous ces frais serait à hauteur de 116 000€.

SI vous empruntez sur 20 ans à 3%, la mensualité sera de 660€ par mois pour cet appartement.

Le loyer couvre donc nettement le prêt mais aussi la taxe foncière de 500€ annuelle, les frais de syndic de 250€ par an et le reste. C'est donc une opération qui s'autofinance tant que vous avez des locataires.

L'immobilier pour le libéral

> Pour cela, choisissez vous même ces derniers avec pertinence. Vous ferez certainement un meilleur choix qu'un agent qui veut louer rapidement le bien.

Si vous souhaitez vous lancer dans l'immobilier, sachez qu'il existe énormément de contenu gratuit et de qualité sur internet.

Que ce soit des blogs, des vidéos, des podcasts, je vous encourage à vous former avant de vous lancer. Il est certain que cela demande du temps et de l'énergie mais le jeu en vaut la chandelle. Vous pouvez également utiliser votre compte personnel de formation (CPF) pour une formation en ligne.

L'intérêt de l'immobilier est de consacrer énormément de temps à la mise en place de votre projet. Mais une fois la vente, le prêt, les travaux et les locataires en place. Vous n'avez plus rien à faire pendant 10/15/20 ans.

A l'échéance de votre prêt vous serez enfin propriétaire sans avoir fourni aucun effort pendant des années.

Vous pourrez alors vendre votre bien pour financer un autre projet ou continuer de percevoir les revenus locatifs.

Et si vous ne souhaitez vraiment rien gérer, vous pouvez aussi déléguer la gestion de votre bien à un agent immobilier. Les frais sont toujours déductibles de vos loyers perçus en meublé réel.

Dans ce cas, je vous conseille de trouver quelqu'un de confiance qui effectue correctement les états des lieux et les choix sur les locataires.

4-Investir dans ses locaux professionnels?

Pour débuter dans l'investissement immobilier en tant que libéral, l'idéal est d'acheter ses propres locaux professionnels.

Pour information, j'ai été locataire pendant plus de 11 ans avant d'acheter mon propre cabinet.

En calculant mes loyers précédents, j'ai réalisé que j'avais dépensé plus de 65 000€ de loyers pendant cette période.

Il suffit de multiplier par 4 cette somme pour atteindre le montant que j'aurais dû payer si je n'avais rien changé jusqu'à ma retraite (autour de 65 ans) soit 280 000€.

Il est donc bien plus intéressant d'investir dans ses locaux quand cela est faisable. Vous allez payer une mensualité de prêt plutôt qu'un loyer. Et à la fin du prêt, la mensualité s'arrêtera donc vous n'aurez plus cette charge.

De plus, vous pouvez louer le bien une fois que vous avez stoppé votre activité professionnelle. Ou vous pouvez aussi mettre en vente votre local si vous préférez une sortie en capital.

Dans les 2 cas, vous serez bénéficiaire comparé à un simple locataire qui aura payé toute sa vie un loyer, sans contrepartie à la fin de son exercice.

Il est aussi possible que vous trouviez des locaux plus grands que nécessaires, dans ce cas vous pouvez envisager d'en exploiter une partie et de louer le reste à une autre profession.

Cette option peut être très avantageuse car en plus d'acheter votre bien, vous faites payer un loyer à un ou plusieurs tiers qui couvriront une partie de votre prêt.

Il est également possible de faire de la location d'habitation, à côté de l'exploitation professionnelle. Tout est réalisable aujourd'hui, il ne vous reste plus qu'à chercher.

Les éléments que nous avons décrit au chapitre "S'implanter durablement" sont les mêmes pour le choix du local.

Si vous n'avez pas les fonds, seul(e) ou la capacité d'emprunt nécessaire pour investir dans vos futurs locaux. Pensez à l'association en SCI qui vous permettra avec un ou plusieurs associés d'acheter un bien commun.

Certes, c'est une démarche supplémentaire mais vous y gagnez tellement à la fin que je ne peux que vous encourager dans cette idée. Le seul inconvénient de cette formule, c'est qu'il faut trouver des associés de confiance avec qui vous partagez la même ligne directrice sur l'exploitation des locaux et la répartition des tâches administratives.

5-Préparation de la retraite avec l'immobilier:

Comme vous pouvez le constater, que vous achetiez vos futurs locaux professionnels ou que vous réalisiez un investissement locatif, ces projets vous permettront de préparer une partie de votre retraite.

En effet, l'immobilier est un investissement qui perdure dans le temps et même si vous avez toujours des petits ou grands travaux à prévoir. Vous avez peu de chance d'avoir un bien qui se dévalue.

Peu importe, la localisation en France (Paris et province) les prix ont toujours été à la hausse, excepté lors des crises financières (2008 par exemple).

Historiquement, on peut donc dire que l'investissement dans la pierre est quasiment sans risques.

Observons ensemble, l'évolution du prix sur le siècle dernier:

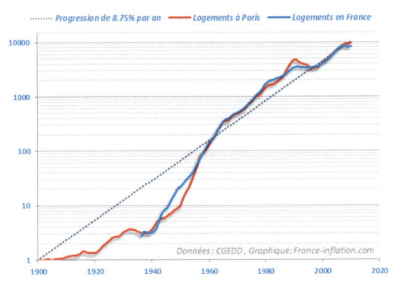

Fig 11.4: Evolution du prix de l'immobilier en France entre 1900 et 2020 - Source: france-inflation.com

Malgré tout, il faut tout de même avouer que certains se brûlent les ailes en jouant les investisseurs.

Assurez-vous de bien comprendre le marché, les règles fiscales, lisez bien toutes les petites lignes et trouver un notaire de confiance.

Ce type de projet ne doit pas être pris à la légère donc soyez sûr de maîtriser le sujet avant de vous jeter dans le bain.

Mais si vous respectez bien la ligne directrice de toujours investir en autofinancement, vous serez à coup sûr gagnant.

6-Investir dans l'immobilier, sans rien faire ou presque!

Vous faites partie de ces professions qui n'ont pas l'agenda pour s'intéresser à ces questions ou qui ne veulent pas affecter du temps libre pour cela.

Sachez qu'il existe aujourd'hui des sociétés qui investissent pour vous, clé en main.

C'est-à-dire qu'ils vont chercher un bien pour vous, le rénover, le meubler, le décorer et trouver votre futur locataire.

Vous n'aurez donc rien à gérer. On vous demandera juste d'investir dans le projet.

En contrepartie, ces sociétés prennent une commission ou un pourcentage sur la vente du bien.

Mais cela peut être intéressant si vous n'avez vraiment pas le temps de vous en occuper mais que vous êtes très intéressé par ce sujet.

Citons:

- <u>Investissement-locatif</u>
- <u>Masteos</u>
- <u>Immocitiz</u>
- <u>Invisty</u>

7-Les investissements boursiers:

Je ne pouvais vous parler d'investissement immobilier, sans mentionner la bourse, les NFT ou encore les crypto-monnaies.

La bourse est aujourd'hui un moyen intéressant de placer son argent mais je pense que tout comme l'immobilier, il faut savoir se former en amont avant de se jeter dans la gueule du loup.

Personnellement, je n'ai pas investi en bourse car c'est un domaine qui m'attire peu.

Concernant les NFT et les crypto-monnaies, je sais que c'est une niche particulièrement intéressante. Certains et certaines ont réussi à faire fructifier leur argent, parfois au-delà de leur espérance. D'autres se sont cassés les dents en 2022, depuis la chute des valeurs cryptos.

Pour ma part, ce système me semble assez risqué et surtout peu éthique et excessivement énergivore.

Pour terminer, c'est donc à chacun de faire ses propres choix en fonction de ses attentes et de ses valeurs.

Quoi qu'il arrive avant de vous lancer, formez vous sérieusement.

Tout comme l'immobilier, le meilleur moyen de réussir est de comprendre l'ensemble d'un système avant d'y investir.

8-Conclusion:

Pour clôturer ce chapitre, retenez que l'immobilier est un excellent moyen d'investir son argent pour se constituer un patrimoine.

C'est donc à mon sens, le plus tôt possible, qu'il faut se lancer dans cette bulle.

D'une part, car ce sera toujours plus facile de vous faire financer jeune notamment à cause des durées d'emprunts et des assurances. D'autre part, car vous récoltez les fruits de votre travail plus tôt dans votre vie. Ce qui peut vous permettre de lâcher du lest, côté professionnel.

Si vous optez pour l'investissement locatif, il faut absolument que vous respectiez la règle de l'autofinancement. Vous devez injecter le moins d'argent personnel dans votre opération.

Libérale 2.0

Les revenus locatifs doivent couvrir votre prêt et toutes les charges imputées à votre bien. C'est la clé d'un investissement réussi.

Si au contraire, vous penchez pour l'achat de vos locaux professionnels, vous faites le meilleur choix pour votre retraite. Vous aurez alors le choix entre une rente mensuelle par votre futur locataire ou une sortie en capital si vous souhaitez vendre. Ce qui n'est pas négligeable car la majorité des travailleurs ont de nombreux projets au moment de la retraite.

En cas de grosse motivation, vous pouvez cumuler achat locatif et locaux professionnels. Mais attention les banques ont réduit le taux d'endettement et d'usure en 2023. Il n'est donc plus si facile d'emprunter à tout va pour différents projets. Faites donc des choix judicieux en fonction de vos besoins. Et sachez qu'en empruntant via une société (SCI par exemple), vous pouvez contourner cette règle.

Petite nouveauté en 2023, il est maintenant interdit de louer des "passoires énergétiques". Ce sont les biens qui ont un diagnostic énergétique classé en G. En 2025, il ne sera plus possible de louer du F, en 2028 du E et en 2034 du D.

Pas de panique, il est toujours possible de pallier cette problématique en réalisant quelques travaux mais c'est à prendre en compte dans vos recherches.

Tout comme l'assurance-vie et le PER, l'immobilier est un investissement qui va fructifier en silence pendant des années.

N'attendez pas la cinquantaine pour mettre en place ce type d'investissement. Ce sera déjà trop tard…

Philosophie de la profession libérale

Ce dernier chapitre fait office de conclusion sur ce livre, que j'ai réalisé avec passion. Il me permet de vous expliquer comment mon statut de libérale m'aide à m'épanouir à la fois dans mon travail mais aussi dans mon environnement personnel.

En effet, le libéral permet de gérer son temps de travail. Vous pouvez tout à fait réaliser du 5 jours sur 7 comme la majorité des salariés. Mais vous avez également le choix de travailler beaucoup moins ou bien plus si vous le souhaitez, en semaine, les week-ends, les jours fériés…

Pas de supérieur, donc pas de contraintes d'horaires. Si je veux modifier mon planning, je peux le faire même si je dois anticiper mes choix en amont. Je répartis ma charge de travail comme je l'entends. C'est donc un luxe qui permet d'envisager de nombreux projets en dehors du cadre professionnel.

Personnellement, cela fait 12 années que j'exerce le métier d'ostéopathe à temps plein et en libéral. C'est un vrai bonheur de venir encore chaque jour au cabinet.

Néanmoins, je pense que pour garder l'envie et cet état d'esprit il y a certaines actions à mener, que j'aimerais vous partager:

1-Congés:

C'est certainement l'une des libertés que j'ai mis le plus de temps à m'autoriser, fermer le cabinet et prendre des congés.

La première année, c'était inenvisageable, j'étais complètement fermée à l'idée.

Je cherchais la reconnaissance des patients, il fallait se faire connaitre sur ma commune, je ne voulais rater aucune opportunité.

Et puis, j'avais investi toutes mes économies dans l'aménagement de mon cabinet, c'était donc impossible à envisager.

Avec le temps, mon esprit buté ne s'est pas tellement arrangé. Je dirais même que j'ai eu du mal à prendre des vacances jusqu'à ma 5ème année d'exploitation. A ce moment-là, je gagnais bien mieux ma vie, j'aurais donc pu en profiter un peu plus.

Syndrome de l'imposteur ou peur de perdre tout ce que j'avais bâti?

Je ne pourrais vous répondre aujourd'hui, mais mon blocage venait certainement d'un mixte de ces 2 raisons.

Puis en 2016, j'ai eu un déclic suite à mon premier grand voyage. Je suis partie 15 jours à l'étranger, j'ai eu une véritable révélation. La découverte d'un environnement tout à fait différent m'a passionné et je me suis sentie enfin libre de prendre du temps pour moi, plus régulièrement.

Philosophie de la profession libérale

J'ai décidé à partir de ce déclic, de ne plus me restreindre en profitant au maximum du temps qui m'est accordé.

Après tout, on ne sait pas de quoi demain sera fait alors autant réaliser un maximum de rêves, le plus rapidement possible. Et comme vous vous en doutez, mon rêve n'est pas de rester 6 jours sur 7 à mon cabinet.

Pour m'aider à passer ce cap, j'ai commencé à faire appel à un remplaçant pendant mes congés. Car j'avais remarqué, que j'avais énormément de travail en rentrant de mes séjours.

Et finalement, je perdais rapidement le bénéfice des congés en ne sortant plus du cabinet pendant 2-3 semaines. Ce changement m'a permis d'alléger mon emploi du temps sur mes différents retours. Alors certes, il faut apprendre à faire confiance et à déléguer mais quand tout se passe bien, c'est franchement agréable.

Pour cela, vous pouvez faire appel aux plateformes de vos syndicats, aux groupes facebook de votre profession ou aux forums pour trouver la perle rare. Et retrouvez les contrats types sur ces sites pour que tout soit clair et écrit, avant chaque période d'intérim.

Les remplaçants sont souvent payés à la rétrocession. C'est donc un pourcentage défini qui symbolise l'aspect financier de l'association. Ce sont plutôt des jeunes diplômés qui souhaitent fonctionner ainsi.

Pour être tout à fait transparente avec vous, j'ai même réalisé en 2022, un de mes plus grands rêves grâce au remplacement. En effet, je suis partie pour un voyage de 6 mois à l'étranger en étant relayée par un ostéopathe externe.

Tout s'est extrêmement bien passé, nous avions déjà testé l'association en amont et je n'ai eu aucune inquiétude durant mon séjour. Ça reste un souvenir mémorable pour moi et je suis fière d'avoir pu réaliser ce rêve qui me tenait tant à cœur.

2-Collaborateur(rice):

Pour continuer dans l'idée de prendre du temps pour soi et ses proches, je conseille quand c'est possible, d'intégrer un collaborateur à votre projet professionnel.

Evidemment, il faut arriver à un certain seuil de revenus et de travail pour envisager de prendre un collaborateur. Mais si vous pouvez le faire, cela vous permettra de déléguer certaines tâches et/ou de vous dégager un peu de temps dans la semaine.

Dans mon cas, j'ai pris un collaborateur qui travaille maintenant 3 demi-journées par semaine. Cela me permet de détacher du temps dans ma vie personnelle.

En général, en collaboration, le titulaire impose un petit loyer ou une rétrocession d'un pourcentage défini à l'avance. Cela permet de couvrir le loyer, le matériel et d'avoir accès aux patients/clients du titulaire.

Dans certains métiers, la collaboration ou le remplacement ne sont pas possibles. Mais vous pouvez toujours recruter des salariés, des alternants, des stagiaires pour obtenir le même objectif, vous dégager du temps.

Ajoutons que le fait d'intégrer d'autres personnes à votre projet, permet d'échanger plus régulièrement sur ce dernier. Ce qui serait bien plus compliqué, en restant seul sur l'entreprise. Toutes vos problématiques pourront être analysées à plusieurs afin de trouver la meilleure solution.

3-Continuer à se former:

Après quelques années à la tête de votre entreprise, vous allez rentrer dans une certaine routine. Et le pire qui puisse arriver, est de faire face à un ennui qui s'installe insidieusement.

C'est pour moi, le mal des professions libérales, faire les choses mécaniquement sans prendre de plaisir.

Il existe plusieurs solutions pour nous permettre de rester motivés: refaire un peu de déco dans son espace de travail, acheter un nouvel outil.
Mais rien ne sera plus efficace qu'une formation à l'extérieure de votre enceinte quotidienne.

Cela permet de se familiariser avec de nouvelles techniques, d'entreprendre une nouvelle approche, de découvrir les nouveautés dans son secteur d'activité mais également de faire des rencontres.

Et finalement, c'est l'échange avec les professionnels de votre secteur qui a mon sens permet d'enrichir votre quotidien.

Libérale 2.0

Vous allez pouvoir comparer vos méthodes de travail, votre évolution de carrière, plutôt que de rester seul dans votre bureau, sans échanges au cours de l'année.

Les formations vous permettent tout au long de votre vie professionnelle de garder un œil sur ce qui se fait dans votre secteur. Tout en échangeant sur le métier avec d'autres professionnels qui vont comprendre à la virgule, vos problématiques quotidiennes.

De plus, en France, il existe un dispositif permettant de financer les formations. Il s'agit du CPF (Compte Personnel de Formation).

Vous savez, les centaines d'appels qu'on reçoit toute l'année pour nous dire qu'il faut utiliser nos fonds pour débloquer telle ou telle formation?

Ce n'est pas une arnaque, vous avez effectivement le droit en tant que profession libérale à un fond permettant de prendre en charge une formation.

Pour cela rendez-vous sur moncompteformation.gouv.fr, c'est le seul site légal en France qui vous permet de constater le montant que vous pouvez utiliser à l'instant T. Le site vous permet également de faire le tour d'un catalogue de formations, il y a un peu de tout.

En plus de ce CPF, vous pouvez aussi avoir accès à la prise en charge par le FIFPL (Fond Interprofessionnel de Formation des Professionnels Libéraux).

C'est un fond dédié uniquement aux libéraux, il permet également de prendre en charge vos futures formations. Mais cette fois-ci le catalogue est plus restreint puisque les formations sont spécifiques à chaque profession.

Ces stages ne vous demanderont donc aucun effort financier la plupart du temps, à part celui d'être absent quelques jours à votre poste. Mais dans la majorité des cas, ces formations valent le coup pour rester à la page dans votre secteur.

4-Devenir formateur:

Il existe 2 pistes possibles afin de devenir formateur pour les futurs diplômés dans votre domaine.

Soit vous recevez des stagiaires au sein de votre entreprise afin de les initier et de les préparer au métier que vous exercez. Cela vous permettra également de poursuivre une relation professionnelle, si le jeune en question vous parait intéressant pour la suite de votre projet.

Soit vous pouvez devenir formateur au sein des écoles de formation professionnelle pour donner des cours théoriques ou pratiques, à l'extérieur de votre lieu d'exercice.
L'avantage ici est de changer de cadre, ce qui peut être une bonne chose pour les personnes qui ont besoin de bouger et qui n'aiment pas la routine.

De plus, vous aurez des objectifs différents puisqu'il ne s'agit pas ici de faire tourner une entreprise mais de transmettre un savoir faire à de jeunes étudiants.

Je pense que le métier de formateur n'est pas fait pour tous, il faut tout de même avoir certaines qualités (pédagogie, orateur, envie de transmettre...). Mais si vous en ressentez l'envie, c'est plutôt bon signe.

Évidemment, pour les professionnels qui se lancent dans les écoles ou dans les formations externes, leur absence devra être compensée. C'est ici que le collaborateur pourra encore être très utile, puisque votre activité continuera de tourner même en votre absence.

5-Acheter son local professionnel:

Lorsque vous êtes certain de l'emplacement de votre activité, il est intéressant d'acheter un local pour se sentir chez soi.

Nous avons déjà parlé des avantages d'acheter son propre bien professionnel. Cela permet de rentabiliser le local et à la fin de votre prêt, vous n'avez plus cette charge à payer.

Dans un second temps, c'est aussi un investissement pour le moment de votre départ en retraite. En effet, vous pouvez choisir entre revendre le local pour une belle somme d'argent ou le louer pour continuer à le rentabiliser mensuellement.

Alors qu'en restant en location, vous payez votre loyer à un propriétaire toute votre vie, sans effet de levier à la fin de votre carrière.

Si vous savez que vous allez travailler dans un local toute votre vie professionnelle, autant qu'il vous appartienne.

Philosophie de la profession libérale

Cette démarche de chercher un local à acheter peut arriver rapidement ou tardivement dans la vie d'un libéral. Quoi qu'il en soit, c'est une source de motivation non négligeable.

Personnellement, j'ai adoré cette période de ma vie professionnelle. Même si j'ai eu la chance de ne pas chercher trop longtemps.

Effectuer les démarches pour accéder à la propriété, engager des travaux qui me correspondent et avoir un cabinet à mon image sont des réelles sources de fierté, aujourd'hui.

A tel point que dans mon ancien local, je ne déjeunais que très rarement sur place. Aujourd'hui, je prends plaisir à y rester car je m'y sens vraiment bien. C'est d'ailleurs sur ces pauses déjeuners que j'avance sur le guide que vous êtes en train de lire…

En tant que libéral, on ne pense pas tout de suite au confort et au cadre professionnel. Dans mon ancien local, j'avais meublé sans véritablement mettre ma touche personnelle.

C'est en arrivant dans le nouveau, que je me suis rendu compte que mon environnement avait une vraie influence sur mon humeur quotidienne.

En plus du confort que cela apporte, il y a d'autres subtilités intéressantes à être propriétaire. C'est vous qui êtes décisionnaire sur tous les choix en lien avec votre local.

6-S'autoriser à rêver:

Et pourquoi ne pas réaliser vos rêves maintenant que votre entreprise fonctionne et tourne à plein régime?

Aujourd'hui chacun d'entre nous perd rapidement l'objectif principal d'une vie, au détriment de la routine et des échéances du quotidien.

A force de courir après le temps, on cède toutes et tous à la même rengaine: métro, boulot, dodo.

Pourtant, nous avons toutes et tous des rêves à réaliser au cours de notre vie.

Dans un premier temps, il faudrait vous donner le temps de faire une liste des objectifs et/ou des rêves que vous aimeriez accomplir pendant votre existence:

- Tour du monde
- Courir un marathon
- Ecrire un livre
- Observer la muraille de Chine
- Apprendre à jouer d'un instrument
- Réaliser l'ascension du Mont-Blanc
- Sauter en parachute
- Faire de l'humanitaire …

Tous ces rêves, plus fous les uns que les autres, sont des objectifs qu'il faut tenter d'atteindre un jour.

Et pour y parvenir, il faut pouvoir se donner les moyens nécessaires à leur accomplissement.

Philosophie de la profession libérale

Par exemple, lorsqu'on s'inscrit pour un marathon, mieux vaut se préparer en amont. D'une part, vous avez peu de chance de réaliser l'objectif principal qui est de franchir la ligne d'arrivée, sans préparation. D'autre part, vous serez déçu par votre échec et votre confiance en soi risque de chuter. Dans ce cas, l'expérience est plus néfaste que productive.

En effet, il faut que votre objectif soit vraiment une envie viscérale pour être sûr de mettre toutes les chances de votre côté.
Si vous possédez un rêve, même le plus fou, vous devez tout mettre en œuvre pour le réaliser sans lâcher votre cible.

En fonction du but choisi, vous avez plus ou moins besoin de préparation. C'est à ce moment-là qu'il faut choisir comment occuper ses moments de liberté en dehors du boulot et de s'organiser entre sa vie personnelle, professionnelle et la préparation de ce rêve.

Le manque de temps est la première excuse des personnes qui considèrent ne pas pouvoir atteindre leur objectif.

Et si l'on subit son quotidien, on peut rapidement se réveiller à 50 ans et réaliser qu'on a pas accompli les rêves tant espérés à 20-30 ans.

Alors si vous aussi, vous ressentez cette envie de vous éclater dans un nouveau projet en rapport avec votre boulot ou non.

Foncez, c'est la clé pour rester vivant.

La préparation et la quête d'un rêve permet à un individu de se stimuler au quotidien. Cette motivation et cette envie transpirent également dans votre vie professionnelle et personnelle. Ce sera donc bénéfique pour vous, vos proches et votre entreprise.

La conclusion de ce chapitre est donc de prendre du temps pour ne pas s'oublier. Le travail oui, mais pas à n'importe quel prix.

Acceptez de déléguer à un collaborateur pour vous accorder des temps de liberté dans la semaine ou pendant vos congés.

Continuez à vous former dans votre domaine de compétences, vos clients/patients auront le droit à quelques nouveautés, souvent appréciées. Si le cœur vous en dit, devenez formateur à l'école ou dans votre propre lieu d'exercice.

Acheter votre local professionnel pour préparer votre retraite et pour ne pas subir de mauvaises surprises quotidiennes. Vous resterez dans ce cas, maître à bord.

Enfin, prenez conscience de vos rêves et faites tout pour les réaliser. Évidemment, il est plus simple de gravir l'Everest à 30 qu'à 65 ans, donc évitez de tout planifier à la retraite. C'est un peu l'erreur de nos aînés, penser qu'on réalisera tous nos rêves à ce moment-là.

Mais en 2024, personne n'est capable de dire de quoi demain sera fait. Alors mieux vaut tout mettre en œuvre pour les réaliser rapidement.

Conclusion

Après avoir terminé la lecture de ce guide, vous serez face à 2 situations différentes:

- Vous débutez votre activité libérale et vous n'avez qu'à suivre les étapes pour commencer cette aventure sereinement.

- Vous exercez déjà une activité libérale, vous pouvez alors piocher des conseils dans les thèmes que vous ne maitrisez pas.

Dans les 2 cas, vous n'êtes évidemment pas obligé de suivre mes suggestions à la lettre. Mais, je vous encourage à vous poser les questions nécessaires pour faire les meilleurs choix au quotidien et pour votre futur.

N'attendez pas d'avoir cinquante ans pour vous penchez sur votre retraite, même si vous gagnez correctement votre vie aujourd'hui.
Sans préparer cette dernière, vous risquez de chuter au moment du grand départ et donc de prolonger votre vie professionnelle pour compenser cette perte de revenus.

Ne tardez pas à prendre un contrat prévoyance, surtout si vous êtes en bonne santé. Vous serez protégé correctement contre tout accident de la vie, sans pour autant être surfacturé dû à l'apparition d'une maladie ou suite à un accident par exemple.

Libérale 2.0

Essayez de vous détacher du temps pour profiter de votre vie personnelle. La majorité des libéraux s'éclatent dans leur job, ce sont des bosseurs qui ne comptent pas leurs heures. Mais soyez ferme quand il est temps de dire stop.

Pour rappel, les maladies professionnelles qui touchent le plus les libéraux sont les dépressions et le burn-out. C'est donc un risque à ne pas prendre à la légère, certains ou certaines se sentent parfois intouchables face à ce genre d'atteintes. Mais personne n'est à l'abri, alors soyez vigilants.

Pour garder l'envie et la motivation dans son job, plusieurs solutions peuvent être mis en place:

- Aménager son lieu de travail à son goût
- Trouver un remplaçant et/ou un collaborateur
- Se former sur les nouveautés de son secteur
- Devenir formateur
- Réaliser des objectifs personnels

Alors évitez la routine et le train-train au risque de vous perdre dans votre activité et de ne plus en apprécier les bénéfices.

Me concernant, j'aimerais qu'on retienne de ce livre évidemment son côté pratique et ludique pour que ce ne soit plus une crainte de s'installer en libéral.

Mon désir ultime serait que certains d'entre vous lisent ce livre et se lancent dans l'aventure. L'objectif est vraiment de montrer que de bâtir son activité, ça prend du temps certes. Mais une fois lancé, le jeu en vaut vraiment la chandelle.

J'aimerais également qu'on retienne que le statut de libéral permet de s'épanouir personnellement.

Conclusion

A savoir, qu'en libéral vous pouvez tout à fait chercher la gloire et la richesse si c'est ce qui vous fait rêver. Vous avez également le choix de jongler entre votre vie perso et pro pour vous épanouir comme bon vous semble.

C'est aujourd'hui mon cas, je me sens totalement indépendante et libre de mes choix. Je réalise des projets différents assez régulièrement. Ce livre en est encore l'exemple.

A mon sens, le statut de libéral apporte une stabilité professionnelle, financière et une liberté sans pareil. C'est pour cette raison que je ne peux envisager la reconversion vers le salariat.

Ce serait pour moi une telle perte d'indépendance, que j'aurais du mal à le supporter et à l'accepter. Pour sûr, que je ne saurais pas aussi épanouie qu'à cet instant.

Enfin, pour pouvoir passer ces messages, je vais avoir besoin de vous. Lectrice, lecteur de la version numérique ou de la version papier. N'hésitez pas à commenter et à laisser un avis sur ce livre sur sa plateforme d'achat.

Cela me permettra de faire rayonner plus facilement ce message dans cette grande famille, qu'est la profession libérale.

N.B: Ce livre a été écrit en 2023, il est donc à jour au niveau légal et juridique pour cette année. S'il s'avère que le succès est au rendez-vous. Soyez sûr que je n'hésiterais pas à éditer de nouvelles versions lorsque des ajustements seront nécessaires.

Libérale 2.0

Remerciements

Merci à Anthony de toujours m'accompagner dans mes différents défis et dans mes rêves les plus fous. S'il y en a bien un qui ne s'impose pas de barrières, c'est toi. Quelle chance de se sentir si soutenue au quotidien, même si tu aimerais que je débranche plus souvent. J'espère en faire autant pour toi…

Merci à Audrey, ma partenaire, mon associée mais surtout mon amie de longue date. Sans toi et tes péripéties, comment aurais-je pu illustrer cette histoire de prévoyance? Maintenant, il ne te reste plus qu'à ouvrir ce PER et tu auras accompli la boucle de la libérale 2.0.

Merci à Tristan pour m'avoir entraîné dans les méandres de l'assurance-vie, des contrats Madelin et des PER. Comme quoi, avoir un banquier dans la famille, ça peut servir.

Merci à Pauline pour ses nombreuses corrections et ses précieux conseils qui m'ont permis de sourire à de nombreuses reprises lors de ces instants "relectures". Heureusement que tu étais la Mme Pivot. A bas les virgules!

Merci à mes parents de m'avoir laissé maître de mon destin lors de mes études. J'ai réalisé la formation de mes rêves qui me permet aujourd'hui d'être tout à fait indépendante. Je mesure la chance d'avoir eu ce soutien indispensable à la réalisation de mon projet. Et encore merci à vous deux d'être mes fidèles supporters, quel que soit l'objectif du moment.

Libérale 2.0

Merci à mes collègues, les anciens, les actuels et les futurs. C'est une vraie chance de pouvoir collaborer avec d'autres professionnels en libéral. Cela permet d'établir des liens confraternels, nécessaires au quotidien. C'est également une excellente manière de ne pas se sentir seul dans sa pratique.

Merci à mes ami(e)s et à ma famille pour votre soutien incommensurable, vous êtes toujours présents pour me pousser à finaliser ce genre de défi. C'est parfois délicat d'assumer ce qu'on entreprend, car on ne sait jamais si on va aller au bout. Mais grâce à vous, je m'y tiens et j'écris ces dernières lignes après 1 an et demi de travail acharné.

Enfin, merci à mes fidèles patients qui viennent me consulter chaque jour dans l'enceinte de mon cabinet. C'est un véritable plaisir de pouvoir échanger avec vous. Et quelle gratitude de recevoir votre confiance quotidiennement.

Sources

1-Ouvrages:

- L'entreprise en profession libérale - Guillaume Duprez - Ed du Puits Fleuri
- Épargnant 3.0 - Edouard Petit - Ed CreateSpace Independent Publishing Platform
- Professions paramédicales: S'installer en libéral - Thomas Huray & Taly Charbit - Ed Studyrama
- Guide juridique et fiscal pour les professions libérales - Julien Lecarme - Ed Maxima
- Moins d'impôts pour les professions libérales - Rémi Dumas - Ed Maxima
- La fiscalité des professions libérales - Jean Maillot & Jean-Louis Fonters - Ed LGDJ
- Les professions libérales - Groupe de la revue fiduciaire
- 100 conseils pour s'installer en libéral - Angela Portella - Ed Studyrama
- La retraite des professions libérales - Christiane Massot-Cazaux - Ed Gereso

2-Articles et contenus numériques:

Insee.fr :

- Panorama de l'emploi et des revenus non salariés - 28/04/2020
- Emploi et revenus des indépendants - 06/12/2021

Libérale 2.0

Unapl.fr (Union nationale pour les professions libérales) :
- Les chiffres clefs des professions libérales en 2016 - 2016
- Les chiffres clefs des professions libérales en 2020 - 2020
- Les chiffres clefs des professions libérales en 2022 - 2022
- Le livre des métiers de l'Unapl - 2020
- S'installer en profession libérale - 2020

Lecoindesentrepreneurs.fr :
- TNS ou salarié: comparaison des cotisations retraite et de la pension - 20/02/2022
- Les avantages du statut de travailleur indépendant - 02/06/2021
- Les inconvénients du statut de travailleur indépendant - 06/05/2021
- Le calcul des charges sociales du professionnel en libéral - 20/02/2022
- Bail professionnel et bail commercial: quelles différences? - 02/09/2021
- Création d'entreprise: le choix des options fiscales - 15/02/2020

BPIFrance-creation.fr :
- Commerce de détail: les critères de sélection d'un emplacement - 06/2020
- SEL - Société d'exercice en libéral - 07/2020

L-expert-comptable.com :
- Cotisations sociales et patronales - 19/10/2021
- Les aides pour la créations d'une profession libérale - 15/10/2021

Sources

economie.gouv.fr :
- Mes impôts au quotidien - 2022
- Comment l'argent public est-il utilisé? - 2019
- Cotisations et contributions sociales des professions libérales - 2023
- Activité libérale à domicile: les règles à respecter - indy.fr - 08/12/2021
- Ei ou EIRL: comment choisir?- legalstart.fr - 04/06/2021
- Professions libérales non réglementées: définition - creerentreprise.fr - 28/03/2021
- L'emploi du temps des médecins libéraux - Plein sens - 07/2020
- Congés annuels: une moyenne de 33 jours par an pour les salariés - Vie-publique.fr - 30/08/2017
- Travailleur indépendent: se mettre à son compte sereinement - cadreenmission.com - 28/11/2017
- Quatre Français sur dix ne partent pas en vacances - inégalités.fr - 07/07/2020
- Le smartphone au travail nuit à la productivité - wojo.com
- Avantages et inconvénients à être indépendant - digidom.pro - 13/05/2019
- Salarié VS Freelance: comment choisir? - mon-salaire-en-net.fr
- Salaire moyen d'un Notaire en France en 2022 - Talent.com
- Charges sociales en 2022: taux, calcul et cotisations - journaldunet.fr - 18/01/2022
- Mise a jour des cotisations sociales - Admissions.fr - 28/12/2021
- Charges sociales et cout d'un salarié - coover.fr
- Comment déterminer son lieu d'instalaltion - Libizi.fr

Libérale 2.0

- L'encyclopédie des villes de France - linternaute.com
- Ou s'installer en libéral en 1 clic - cartosante.atlasante.fr
- Professions liberales quelles modalites pour exercer a domicile - Fnaim.fr
- Règles de sécurité d'un établissement recevant du public (ERP) - service-public.fr - 27/11/2019
- Les locaux des professions libérales: Réussir l'accessiblité - ecologie.gouv.fr - 08/2017
- Comment faire son business plan - instaletliberal.fr
- Modèle de business plan pour le libéral - lamaisondelentrepreneur.com - 2022
- Quel bail choisir pour un professionnel libéral - officepro.com
- Quel type de bail pour une profession libérale - idéalprofessionlibérale.fr
- Fiche d'établissement google - google.com
- Faut-il opter pour l'EIRL? - lentreprise.lexpress.fr - 26/04/2012
- Portail de l'autoentrepreneur - autoentrepreneur.urssaf.fr
- Le portail des professions libérales - lppl.fr
- Questions et réponses sur l'AGA - aga-france.fr -
- Différences entre SCP et SCM - surf-finances.com - 02/07/2021
- Principales structures d'exercice en groupe - Macsf.fr - 17/05/2021
- Le véhicule du professionnel libéral - UNASA - 2019
- Décryptage: la contribution sociale généralisée - Payfit.com - 08/09/2021
- Le CPF pour les les professions libérales: fonctionnement, règles et liens utiles - clic-campus.fr - 05/07/2021
- Fifpl: Procédures de prise en charge - fifpl.fr

Sources

- Cotisations CARMF - carmf.fr
- Cotisations CARCDSF - Carcdsf.fr
- Cotisations CAVP - cavp.fr
- Cotisations Carpimko - carpimko.com
- Cotisations CNBF - cnbf.fr

Printed in France by Amazon
Brétigny-sur-Orge, FR

19945852R00181